BESTSELLER

Aura Medina de Wit. Desde muy joven ha sido una buscadora ávida en el camino espiritual y el autoconocimiento. Es psicoterapeuta transpersonal con diferentes certificaciones internacionales, entre ellas del Learning Love Institute, especializada en codependencia y heridas de la infancia. Ha trabajado durante años con diversos maestros de escuelas de psicoterapia, sanación, manejo de energía y meditación. Es creadora de un entrenamiento de lectura de tarot terapéutico y autora de los libros *Amor… ¿o codependencia?*, *Crea el espacio para el amor* y *Sanando la herida materna*. Actualmente imparte conferencias sobre desarrollo humano, dirige grupos de sanación para mujeres y talleres mixtos, es instructora de meditaciones activas y otras técnicas, y ofrece sesiones terapéuticas a distancia en Estados Unidos, Canadá, y Europa. Es parte del equipo de especialistas del programa de radio conducido por Martha Debayle, tiene presencia en diversos programas de televisión y radio, y colabora con artículos en las revistas *Moi*, *BB Mundo*, *The Beauty Effect*, *Air Femme*, entre otras.

📷 @auramedinawit

🐦 @AuraMedinaW

📘 @Auramedinaw

AURA MEDINA DE WIT

CREA EL ESPACIO PARA EL AMOR

Sin príncipes azules ni princesas encantadas

DEBOLS!LLO

El papel utilizado para la impresión de este libro ha sido fabricado a partir de madera
procedente de bosques y plantaciones gestionadas con los más altos estándares ambientales,
garantizando una explotación de los recursos sostenible con el medio ambiente y beneficiosa para las personas.

Crea el espacio para el amor
Sin príncipes azules ni princesas encantadas

Primera edición en Debolsillo: febrero, 2023
Primera reimpresión: marzo: 2023

D. R. © 2018, Aura Medina de Wit

D. R. © 2023, derechos de edición mundiales en lengua castellana:
Penguin Random House Grupo Editorial, S. A. de C. V.
Blvd. Miguel de Cervantes Saavedra núm. 301, 1er piso,
colonia Granada, alcaldía Miguel Hidalgo, C. P. 11520,
Ciudad de México

penguinlibros.com

D. R. © Penguin Random House, por el diseño de portada

ISBN: 978-607-382-609-9

Impreso en México – *Printed in Mexico*

Tu tarea no es encontrar el amor
sino sólo buscar y encontrar todas las barreras
que has construido en contra de él.

Rumi

Índice

Introducción

Soy una mujer muy afortunada, bendecida por la existencia. A veces, al mirar hacia atrás, me parece que he vivido muchas vidas dentro de ésta. He sido hija, novia, esposa, madre, amante, hermana, amiga. Tuve varias parejas, he vivido en diferentes países y ciudades. Fui *miss* de inglés varios años, cuando me divorcié y empecé a ganarme la vida para mi hija y para mí. También intenté ser vendedora y secretaria, actividades que no eran para mí, pero las hacía porque tenía que mantenerme y mantener a mi hija.

Al poco tiempo entré a una compañía muy establecida. Era un sueño para mí. En unos meses comencé a subir de puesto. Fue una época maravillosa. Me encantaba la empresa, el trabajo y los compañeros. Viajaba mucho, conocí Centroamérica, Canadá y diferentes ciudades de Estados Unidos. Todo por trabajo y en las mejores condiciones. Estuve en Guadalajara un año, al siguiente fui a Puerto Vallarta para abrir una oficina, luego renuncié porque me enamoré de un hombre, Dennis, él me pidió casarnos y que me mudara a vivir con él –y, por supuesto, con mi hija– a Milwaukee. Allá estuve un año, tiempo que fue muy importante para mí en muchos sentidos. Gracias a este hombre experimenté de nuevo ser mamá, sin tener que preocuparme por trabajar. Eso me permitió pasar más tiempo con mi hija, ella tenía nueve años entonces.

Cuando mi hija salía de la escuela, yo estaba allí para recibirla, podía estar al pendiente de ella y cocinar diario, comíamos en familia cuando llegaba Dennis. Algunas tardes ella y yo íbamos al cine del pueblo cercano, otras la llevaba a sus clases en la YMCA, donde yo pasaba casi todas las mañanas en la alberca o en el gimnasio, o asistiendo a conferencias de temas que me atraían. Nos mudamos allá en verano, el clima cálido nos dio la bienvenida y conocimos el lago, los parques, los festivales y el zoológico, uno de los lugares favoritos de las dos.

El otoño llegó y fue una experiencia hermosa; las hojas de diferentes tonos: dorados, rojos, ocres, naranjas. Era alucinante ver los árboles cambiar de color en el campo, al cual Dennis nos llevaba para andar en bicicleta los domingos, que él no trabajaba. Mi madre nos visitó una semana y la invitamos a lugares maravillosos llenos de colores otoñales.

A mediados de octubre recibí una terrible noticia. Una fría mañana que regresaba de nadar, mientras mi hija estaba en la escuela y Dennis en el trabajo, el teléfono sonó. Entré a la casa y respondí. Era mi madre, aún recuerdo su saludo:

—Hola, chatita, ¿estás sola?

—Sí, ¿qué pasó ma?

—Ya murió…

¿Murió? ¿Quién murió? Ah, de seguro mi abuelita, la madre de mi papá que vivía con él y ya era muy viejita. Todo esto pasó por mi mente durante las milésimas de segundo de silencio entre las dos. Entonces se oyó la voz de mi madre de nuevo:

—Tu papá, se murió tu papá.

Me senté en el suelo sin comprender. ¿Mi padre? No entendía nada.

Colgamos, yo entré en modo funcional: Dennis, boletos de avión, Ligia, maleta. Hice las llamadas necesarias. Al rato, Dennis llegó, recogimos a mi hija en la escuela, compramos los boletos en una agencia de viaje, regresamos a casa, hice maletas y Dennis nos llevó al aeropuerto de Chicago. Una hora y media de camino en profundo silencio. Nos dejó ahí, él tenía que regresar al trabajo. Me quedé con mi hija de nueve años, quien no dejaba de abrazarme e intentar consolarme. Todavía yo no lloraba, estaba en *shock*.

Pasamos por la Ciudad de México donde mi entonces cuñado recogió a mi hija, yo me seguí en otro vuelo a Puerto Vallarta, el lugar en que todo había sucedido. Mis hermanos y mi madre ya estaban allá. Mis padres estaban divorciados, pero tenían una relación cordial. Mi madre, por supuesto, estaría presente, siempre apoyándonos, después de todo, era el padre de sus cinco hijos, el amor de su vida.

No fue hasta que vi a mi padre que me di cuenta de lo que pasaba y pude llorar. Al inicio, en la pequeña agencia funeraria, me quedé afuera, saludando y recibiendo a sus amigos, que también eran míos, pues yo había vivido un año allí y los había conocido a todos. No quería ver. Mi hermana me jaló hasta el ataúd y me hizo verlo, su rostro estaba pálido, como de cera, sin expresión. Entonces me derrumbé.

Cuando regresé a Milwaukee, nada era igual. El hermoso festival de colores había terminado, los árboles estaban sin hojas y se sentía el arribo del frío invierno. Todo se veía gris, desolado, o al menos así me parecía. A finales de noviembre nos cambiamos al campo, a una casa que Dennis compró. Había ochenta árboles de manzanos que habían perdido sus hojas, por las noches parecían figuras fantasmagóricas que me daban miedo. Sobre todo allí, en medio de la nada. Empezaba a sentir un frío que nunca antes había experimentado. Los días cada vez eran más cortos, las noches oscuras más largas y mi tristeza más profunda.

Un día, en una cena a la cual asistió gran parte de la familia de Dennis, se me pasaron las copas y cuando todos se habían ido y mi hija y Dennis ya estaban dormidos, empecé a llorar como el día del velorio de mi padre, sólo que esa vez lo hice durante horas, hasta quedarme dormida. Desperté con la certeza de que necesitaba buscar ayuda, pero no sabía dónde.

Todo era muy difícil para mí, el invierno con su frío inmenso y el tener que pasar demasiadas horas en casa. No podía tomar mi bicicleta como antes y disfrutar por horas del lago y los parques. No tenía amigos, me sentía tremendamente sola. Dennis era un buen hombre, pero no sabía cómo apoyarme. Su reacción frente a mi tristeza fue trabajar cada vez más, siempre estaba ocupado. Mi hija era sólo una niña, pasábamos tiempo juntas, pero no era la persona con quien pudiera hablar, a pesar de que se daba cuenta y trataba de animarme por todos sus medios.

Busqué refugio en la comida, dejé de ir a hacer ejercicio a la YMCA porque tenía que manejar lejos y no me gustaba por tanta nieve. Obvio, subí mucho de peso. Eso aumentó mi depresión y mi frustración. Un día Dennis me llevó un libro: *It's Not What You're Eating, It's What's Eating You* [*No es lo que comes sino lo que te está comiendo*]. Esa lectura me abrió los ojos a lo que pasaba en mi interior. A pesar de años de terapias en México, de meditaciones y de muchas cosas, nada me había preparado para enfrentar la muerte de mi padre. Y me refugiaba en la comida, como cuando era pequeña.

Empecé a buscar ayuda en grupos de doce pasos, decidí ir a comedores compulsivos, no sabía que había también grupos de codependencia, de todos modos, no entendía. Encontré que en la YMCA darían una conferencia sobre desórdenes alimenticios, que yo tenía y lo descubrí gracias al libro. Así conocí a Nick. Empecé a asistir a un grupo de terapia con él dos veces a la semana y al grupo de doce pasos incluso hasta dos veces al día.

Obviamente el dolor por la muerte de mi padre no se fue, tardó mucho tiempo, pero empecé a saber cómo manejarlo para no permitir que me dañara. El invierno estaba por finalizar, los venados se acercaban más a la casa a comer el maíz que les dejábamos cada noche. Caminaba de nuevo en el campo, iba a la YMCA otra vez con regularidad a hacer ejercicio. Los grupos y la terapia tomaron el lugar de la comida y, poco a poco, los kilos desaparecieron. Descubrí que podía vivir el duelo por mi padre, honrar su memoria y no lastimarme tanto en el proceso.

Llegó la primavera. Una mañana me asomé y vi los ochenta manzanos llenos de flores blancas. Fue lo más hermoso que había visto en mucho tiempo. ¡Y el olor! Salí con el perro y me senté entre los árboles sin hacer nada, sólo me llené de tanta belleza. Esta escena ahora la relaciono con unas palabras de Osho que alguna vez escuché: "Siéntate en silencio. No hagas nada. El invierno pasa. La primavera llega y el pasto crece solo."

Mi primavera llegaba después de un largo y frío invierno. Esa primavera fue hermosa, nunca había visto tantas flores de tantos colores. Y como vivíamos en el campo, todo tipo de aves nos visitaba durante el día para tomar agua y comida. A Dass, mi hija, y a mí, nos gustaba sentarnos en el comedor y ver los pájaros a través de la enorme puerta de cristal, en especial los fines de semana que ella no iba a la escuela. A muchos los reconocíamos con sólo verlos. Eran diferentes variedades de pájaros, de muchos colores, pero todos volaban cuando llegaban los azulejos, grandes pájaros azules que no eran muy amistosos con los demás. A mí me encantaban los petirrojos.

Con la llegada del verano, supe que debía regresar a México. Quería estar cerca de mi familia y, además, extrañaba mi *Sangha* espiritual. Dennis lo presintió meses atrás. Cuando lo hablé con él no hizo mucho por retenerme. En junio regresé a México con mi hija. Mi tiempo de jugar a la casita se había terminado. No fue una decisión fácil, porque además nunca fue una mala relación. Ambos hicimos lo mejor que pudimos y supimos, tenía muchas ventajas quedándome allá, pero mi corazón ya no estaba ahí, algo me empujaba de vuelta a México.

A ese año, y en especial a Nick, el terapeuta que conocí en YMCA, les debo mi entrada a un mundo nuevo de sanación. Por él y con él empecé a entrenar en todo lo que implicaba el tema de los desórdenes alimenticios. Eso me llevó a investigar más sobre el tema y a entender que, en la base de las adicciones –de todo tipo, incluyendo la codependencia–, se encuentran nuestras heridas de infancia. Por eso decidí tomar un nuevo camino.

Muchos años han pasado, muchas otras historias, algunas las contaré en este libro, otras quizá en uno próximo. Por ahora, empiezo con éste: *Crea el espacio para el amor*. Y vuelvo a la cita de Rumi, poeta sufí, con la que comencé esta introducción.

Todos crecemos con miles de fantasías (hablaré mucho sobre esto en los próximos capítulos), sobre todo fantasías en el amor. Romper las mías ha sido quizá de las cosas más difíciles que he tenido que hacer. Darme cuenta de que por años busqué el amor desde mis carencias, desde mis necesidades no resueltas, desde mis miedos. Con la gran expectativa de que el hombre que llegara a mi vida me rescataría de mis miedos, de mis vacíos, de mi soledad. Y cuando no sucedía, me frustraba y culpaba a la otra persona, pensando que tenía que seguir buscando al "correcto". Hoy reconozco que esto fue lo que me pasó con Dennis.

Esta actitud es muy común. La vi en mí, en amigas, en muchas mujeres y en algunos hombres que llegan a sesiones y talleres profundamente decepcionados de las relaciones, sin espacio para contener las frustraciones, decepciones y conflictos que surgen en cualquier relación. Siempre culpan al otro y crean dramas sin fin.

Crea el espacio para el amor empieza con uno, con hacernos cargo de nosotros. Tomar responsabilidad de nuestras vidas. Éste es el único proceso válido para el amor, aunque es el más difícil de emprender. Literalmente es comenzar a "pelar la cebolla".

Cuando trabajamos en nosotros y despertamos la parte consciente, entendemos que al amor no se le persigue, no se le caza, tampoco es posible jalarlo con decretos de la mente. Al amor se le invita, se le seduce. Es un invitado de honor. Y como con cualquier invitado de honor, para recibirlo, hay que limpiar la casa, colgar los mejores cuadros, sacar el mantel más bello, pulir la plata, lavar las copas de cristal y llenar el hogar de flores.

Empecemos entonces.

CAPÍTULO 1

Soltando las fantasías

AMOR... ¿O PUROS CUENTOS?

Día de reflexión e indagación sobre todo lo que ha sucedido en esta última jornada. Mis experiencias me recuerdan que no estoy por encima de la vida, que, en relación con el amor, todos somos principiantes, todos somos como niños que, encantados con el nuevo dulce, nos cegamos ante lo que la vida nos muestra, confundimos nuestras necesidades con amor y nos aferramos a la otra persona con gran desesperación, en un intento inútil de llenar los vacíos que ya traíamos, pretendiendo que esa persona pueda responder por lo que alguien más hizo o no, hace muchos ayeres. Todo empieza en la nube del enamoramiento y poco a poco esta nube se disipa y nos encontramos de frente con nuestros demonios. Pero lejos de reconocerlos, se los achacamos al otro u otra. Entonces empieza la batalla en el mismísimo campo que antes pretendimos llenar con semillas de amor y que, al ser plantadas en una tierra infértil, poco a poco van muriendo aplastadas por los fantasmas que caminan silenciosos pero mortales en nuestra propia tierra. Y a los cuales no somos capaces de ver. Mientras permanezcan invisibles a nuestra conciencia, seguirán confundiéndonos y controlando nuestras vidas.

El secreto es dejar de distraernos en la bruma que nos rodea, abrir
bien los ojos y mirar de frente a esos fantasmas, porque ellos no sopor-
tan la luz de una mirada consciente, se disuelven ante ella. Y con cada
fantasma que se disuelve, recuperamos una parte de nuestra alma.
Es allí donde el milagro sucede: se levanta la neblina, cae el rocío y la
tierra se fertiliza. Entonces, y sólo entonces, será el momento de sem-
brar nuevas semillas para que el amor germine y llene nuestras vidas.

Esto lo escribí hace casi tres años, cuando me enfrentaba a una
ruptura muy difícil, como son en general las rupturas: dolorosas.
Estaba sentada en la sala de aquella casita de la colonia San Antonio, en San Miguel. Era una tarde gris, la casa estaba casi a oscuras
y yo me sentía muy confundida, perdida. ¿Qué había pasado con
esa relación? ¿Cómo se fue transformando una historia de amor
a una historia de terror?

No era cualquier historia, no a mis ojos. Mi ex pareja se había mudado a San Miguel para estar conmigo. Me repetía lo mucho que me
amaba y lo feliz que estaba de haberme encontrado después de buscar
tanto tiempo. Unos meses antes nos habíamos mudado a un lugar
en el campo, una casita pequeña, un patio lleno de flores, chimenea,
un jardín hermoso. Teníamos todo: dos perros, dos gatas, la mejor
vista del lugar, atardeceres espectaculares cada día. Y lo principal:
estábamos enamorados. Un enamoramiento que duró dos meses y
luego empezaron las molestias, las diferencias, los enojos y los pleitos.

Dos meses y medio después, me mudé a otra casa, decepcionada, enojada y llena de preguntas sin respuestas. La relación
no terminó allí, estábamos demasiado enganchados como para
cortar limpiamente. Todavía estuvimos el resto del año (que apenas iniciaba) entre encuentros, desencuentros, reconciliaciones,
reclamos, promesas, más decepciones y más enojos.

La verdad, en retrospectiva, me doy cuenta de que ninguno de los dos tenía la madurez necesaria para permanecer en esa relación, una vez que el enamoramiento terminó. Ese periodo en el cual la pareja se enfrenta a su imperfección y a la cruda realidad de una cotidianidad que te lleva a revisar las razones por las cuales estamos juntos. ¡Qué necesarios son los valores y las visiones en común! Cuando no existen o no son lo suficientemente fuertes e importantes, el supuesto amor no puede crecer porque no hay una estructura que lo ayude.

Volvamos al momento cuando escribí los párrafos del inicio. Dije que eran tiempos oscuros, me sentía atrapada en una bruma y no veía nada, buscaba el sentido de todo lo que seguía pasando. Entre aquello que estaba sintiendo y viviendo una tarde surgió ese texto. Escribir siempre ha sido para mí una forma de depurar mi mente. A través de las palabras, puedo ir desenredando mi madeja mental y emocional. Siempre he creído que de alguna manera estos escritos nacen de un espacio interno, profundo y sabio. Son la voz de Mi Guía Interior.

Hoy puedo ver cómo todo lo que había trabajado y vivido antes me preparaba para este viaje nuevo, y digo nuevo porque esa relación me llevó a lugares internos desconocidos o poco transitados por mí, quizá ignorados a propósito. No quería soltar esa relación, seguía empecinada en revivir lo que, según yo, aún había entre nosotros. No quería ver la realidad, no quería abrir los ojos y reconocer que lo que había imaginado no era real, que todo estuvo basado en promesas, planes, proyectos, palabras, palabras, palabras.

Si hubiera considerado lo que verdaderamente había sucedido en la relación, habría tenido que admitir que estuvo mal desde un inicio. Sólo puedo hablar por mí, pero estoy segura de que ambos cerramos los ojos y decidimos que éramos lo que buscábamos.

No quisimos ver las señales que aparecían una tras otra en lo más cotidiano, en cualquier conversación, en nuestras formas de ver la vida, en los valores o la falta de éstos que eran importantes para ambos y no compartíamos.

Nos vestimos de mentiras, nos disfrazamos de personajes irreales, creados en la mente de cada uno de nosotros, para representar el papel de la pareja perfecta. Y sí que nos veíamos guapos en las fotos que publicábamos, queriendo enviar al mundo el mensaje: "Miren qué bien estamos, qué felices somos." Y lo peor fue que no queríamos engañar a nadie, sólo a nosotros mismos.

Lo más complicado de soltar esta relación fue que yo no estaba intentando soltar realidades. Estaba dolida por las cosas que nunca fueron, por los sueños, las fantasías y las promesas rotas. El duelo por lo que no ocurrió es muy difícil de elaborar. Es muy duro aceptar la pérdida de lo que nunca se tuvo. El proceso de soltar se inició cuando entendí esto y empecé a trabajar a partir de un sentido de realidad; en palabras de una gran amiga y terapeuta, Eli Martínez: "Recupérate con traguitos de realidad; sí, *traguitos*, porque lo que no sucedió puede ser muy doloroso de afrontar."

EL AMOR, ¿LO PUEDE TODO?

El amor infantil sigue el principio: "Amo porque me aman." El amor maduro obedece al principio: "Me aman porque amo." El amor inmaduro dice: "Te amo porque te necesito." El amor maduro dice: "Te necesito porque te amo."

"Había una vez…" y "Vivieron felices para siempre", son dos frases que contienen toda la magia del mundo. Entre ellas se da la lucha de dos personajes que se enamoran y se enfrentan a todo tipo de obstáculos, incluida —casi siempre— una terrible madrastra que se convierte en bruja, algún hechizo, quizá un dragón o un animal mitológico.

Cuántos de nosotros crecimos atentos a las historias dentro de estas frases, creyendo sin lugar a duda que el amor lo puede todo y que, cuando llegase a nuestras vidas, todo sería perfecto. Cuántos leímos cuentos, novelas, escuchamos historias maravillosas de amor y magia, y anhelamos que en algún momento algo así ocurriera en nuestras vidas.

Hace poco, durante un programa de radio en el que comentábamos acerca de los miedos que cierran al amor, Martha Debayle lanzó estas preguntas: "¿Quién de ustedes ya no cree en el amor? ¿Quién de ustedes ya cerró su corazón?" Me sorprendió la cantidad de personas que respondió que ya no creía en el amor. Frases como:

- ♡ ¿Cuál amor? Eso no existe, es pura fantasía.
- ♡ Me gustaría volver a enamorarme, pero es más el miedo a que me lastimen de nuevo, mejor así, solita y sin problema.
- ♡ ¿Amor? ¡Sí! Pero no en pareja.
- ♡ Yo aún creo en el amor, soy capaz de sentirlo en mi corazón una y otra vez. Pero no creo que exista un hombre maduro, honesto y afectuoso que quiera vivirlo conmigo.
- ♡ Yo no creo en el amor. Dura tan poco ese momento y siempre termina decepcionando.

Al leer todos los tuits que respondieron, me quedó claro que uno de los campos en donde más fantasías nos creamos es en el del amor. Probablemente, uno de nuestros mayores retos sea reexaminar la idea de lo que es el amor y madurar nuestra visión, soltando tanta fantasía.

La idea que tenemos del amor es inmadura, infantil, llena de sueños y expectativas que no sobreviven cuando entramos a relaciones "de gente grande", que pretenden ser duraderas. Éstas son las que terminan en desilusiones y en una profunda insatisfacción de las necesidades. Ante esto, surgen respuestas como las que recibimos en el programa.

Si comenzamos una relación a partir de esta percepción fantasiosa, podemos enfrentarnos a experiencias devastadoras y, luego, el mal sabor es tanto que preferimos cerrarnos a nuevas experiencias y decir que el amor no existe. O bien, entramos a una profunda desesperanza, nos deprimimos y hasta creemos que el amor no es para nosotros. Como explicaba con mi experiencia, uno de los problemas de las fantasías es que nos ciegan de tal manera que ni siquiera vemos a la otra persona.

CÓMO NO IBA A QUERERTE CON TODAS LAS CUALIDADES QUE TE INVENTÉ

Cuando Beatriz conoció a Luis, estaba convencida de que él era el hombre ideal. Cumplía con muchos de los requisitos de su lista, una que hizo en un taller sobre cómo atraer a la "pareja ideal". Al principio estaba encantada con todas las atenciones que Luis tenía, era generoso con ella y con su familia. Daba la imagen de triunfador y ella se sentía feliz y orgullosa de que todos la vieran con él. Hasta que se dio cuenta de que había otras mujeres, que Luis le mentía constantemente y, encima de todo, cada vez era más cínico y grosero al respecto.

Cuando contó su historia en el grupo, mencionó algo que la mayoría ha vivido: "Sentía que algo no estaba bien, pero decidí ignorarlo porque quería que la relación funcionara. Me empeciné en verlo como quería que fuera. Simplemente no quería ver quién era en realidad."

Otro problema con las fantasías son todas las expectativas que creamos de las relaciones, en especial las románticas. Entramos a ellas con nuestra lista –casi siempre inconsciente– de demandas y exigencias hacia la pareja o incluso hacia los amigos y la familia. Y cuando la otra persona no cumple con todo lo que esperamos, nos enojamos, creamos drama tras drama o nos refugiamos en la resignación y la tristeza.

Cuando Miguel conoció a Daniela estaba encantado con una chica tan bonita, tan energética, tan inteligente. Comenzaron a salir y todo iba muy bien, hasta que un día Miguel decidió tomarse un fin de semana con sus amigos para acampar y convivir en la naturaleza. Cuando se lo dijo a Daniela, ella se molestó mucho porque ya había programado algunas actividades para los dos con otros amigos ese fin de semana. Miguel se sorprendió mucho, pues Daniela actuaba como si él le perteneciera. Miguel habló con ella, o al menos lo intentó; le explicó que estaba muy a gusto con ella, pero en estos momentos no quería una relación de tanto compromiso y aunque llegaran a uno verdadero, él valoraba el respeto a la individualidad de ambos. Le explicó que disfrutaba mucho de los deportes en la naturaleza y esto implicaba que saliera con su grupo algunos fines de semana; quería sentirse libre para de vez en cuando tener sus propias actividades, que ella debería hacer lo mismo. Así empezaron los problemas. Daniela no entendía por qué Miguel quería hacer cosas sin ella. Los dos acudieron a terapia, Daniela creía que Miguel estaba equivocado, si él se daba cuenta de esto, entonces se convertiría en el hombre que ella anhelaba y serían muy felices.

La visión de Daniela es que una pareja debería estar unida siempre, para eso era el noviazgo: estar el uno para el otro 24 x 7. Él debería apoyarla y estar pendiente de ella todo el tiempo. Ella tenía más expectativas que no tenían nada que ver con una relación madura, sino con las fantasías románicas de Daniela.

David se queja de Martha. Quiere que sea cariñosa, que lo atienda, que le dedique más tiempo. Ella es muy independiente, siempre lo ha sido, sólo que al principio parecía no importarle a David, pero ahora le molesta mucho que salga sin él. David buscó la opción de la terapia, primero vino él y me explicó lo que quería que pasara en este proceso. Me pidió convencer a Martha de ser más atenta, que cambiara esto, que cambiara aquello. Él no ve a Martha, no ve quién es ella en realidad. David sólo quiere que le dé lo que necesita. Y tiene que ser ella.

Y así podemos citar casos y casos en los que participan personas frustradas, desilusionadas, confundidas, al grado de no saber qué hacer con sus relaciones y con todo lo que esperaban de ellas. No sorprende que muchas personas decidan cerrar su corazón y renunciar a una buena relación.

NI PRÍNCIPES AZULES NI PRINCESAS ENCANTADAS

Cuando nuestras fantasías se frustran o nos desilusionan, podemos desesperarnos si pusimos muchas esperanzas en ellas. Nuestros sueños

del amor tienen sus raíces tanto en nuestra experiencia de haber sido
amados de niños (o no amados), como en nuestro condicionamiento
familiar y cultural.

Muchos hemos sido bombardeados con ideas ridículas de lo que
sucederá cuando encontremos "al único", "al elegido", "a la única" o "a
la elegida". Uno o ambos padres, de alguna manera, han apoyado estas
ilusiones, adoctrinándonos, quejándose de sus desilusiones, o bien, con
su comportamiento que es el que enseña, es decir, el ejemplo.

Nuestras fantasías de amor obtienen más combustible por las for-
mas en que de niños fuimos privados de las necesidades esenciales de
afecto, atención, apreciación, apoyo, sintonía e inspiración.[1]

Por eso es importante explorar las raíces de estas fantasías en nuestra infancia y entender que no tienen que ver con la construcción
de un amor adulto. Cuando nos enamoramos de alguien, todos
nuestros anhelos, necesidades de amor, afecto, apreciación, atención y muchas más despiertan y las ponemos en la persona objeto
de nuestro enamoramiento. Y justo todo lo que no recibimos o
recibimos a medias es lo que se alborota cuando entramos en el
estado alterado.

Esa parte infantil, nuestro niño interno –del que hablaré a
lo largo de este libro–, se despierta y se alborota. Para él, no ha
pasado el tiempo y sigue esperando a la mamá o al papá "ideal".
En el momento que sienten a esa persona hay algo en ella que
tiene una energía similar a alguno de nuestros padres o incluso a

---

[1] Propuesta tomada de un artículo de Krish y Amana Tobe, en Learning
Love Institute.

ambos, ésto activa el deseo que ha estado allí: que nos den lo que tanto necesitamos.

Juan fue abandonado por su madre cuando tenía menos de cinco años. Su padre lo crio, y aunque intentó hacerlo de la mejor manera, el padre era alcohólico y carecía de mucho de lo que Juan necesitaba. Hoy en día, Juan establece relaciones de apego con cierto tipo de mujeres que al final se van, agobiadas por las demandas y los celos de Juan.

Él piensa que es mala suerte o quizá que no sabe escoger, pero la verdad es que esta situación se repite porque busca desde su profunda herida de abandono y mientras no lo asuma y trabaje con la herida, seguirá atrayendo el tipo de mujer que se va, tal como lo hizo su madre; pero, incluso, las que no se quieren ir, cuando él actúa desde el miedo y el dolor, se alejan.

Todos deseamos completarnos con la pareja, el problema es que buscamos y elegimos desde las carencias, desde las necesidades infantiles no satisfechas y desde las fantasías casi inconscientes, lo cual constituye una fórmula infalible para vivir desilusión tras desilusión en nuestros intentos de relacionarnos.

Entonces, ¿qué podemos hacer para soltar nuestras fantasías y crear la conciencia y el espacio para el amor adulto? No es fácil. Soltar las fantasías es quizá una de las acciones más difíciles. Para mí lo ha sido: cuando empecé a trabajar en ello, me sentía engañada por la vida y enojada con la existencia. Seguía pensando que si otros estaban viviendo esa fantasía, ¿por qué yo tenía que soltar mi sueño de encontrar ese amor que tanto buscaba? Me parecía injusto y muchas veces me rebelé contra todo, intentando reiniciar relaciones bajo las mismas bases. Por fortuna, sólo fueron intentos, no funcionaron porque el resultado hubiera sido el mismo.

No lo quería reconocer, pero seguía buscando, desde la niña, a ese papá ideal que me diera todo el apoyo, la apreciación, la compañía y muchas cosas más que mi propio padre no supo o no pudo darme.

Despertar del sueñito es doloroso, sí, y me parece que algunos necesitamos varios trancazos existenciales en la cabeza para un día decir: "*Ok*, lo acepto, esto no me está funcionando." En el tantra se dice que somos como caballos. Y hay caballos buenos, caballos regulares y caballos malos.

En los buenos uno se sube y los caballos caminan. A los regulares hay que enseñarles el fuete para que avancen y a los malos hay que darles sus golpes. Yo pertenezco a esta última categoría. Sólo con golpes de la vida, que al final son ayudas amorosas de la existencia, entendí que no era por allí.

¿Qué implicó para mí despertar? Reconocer que nadie arreglará mi vida ni le dará dirección. Ni modo, yo tendría que ser la que lo comenzara a hacer. Despertar de mi sueño romántico, activar mis piecitos y ponerme a chambear en mi propia vida.

Al inicio es posible que estemos tan confundidos, tan perdidos que no tengamos ni idea cómo hacerlo. Y según mi experiencia personal, en el camino del crecimiento la intención sí basta. Una verdadera intención, por supuesto, un intento de movernos de donde estamos y empezar a caminar, de una manera u otra, más tarde o más temprano, reencontramos el camino.

Cuando hablo de esto en los talleres, me gusta comparar la vida con un jardín. En esta metáfora algunos se ocupan de sus jardines y los arreglan a su gusto. Trabajan en ellos con amor, con empeño para crear lo que ellos desean. No siempre se les da lo que plantan, a veces se llena de plaga, pero siempre están trabajando en limpiar, plantar, conservar y cuidar lo que hacen.

Otros vemos el terreno árido que nos tocó y nos sentamos entre la maleza, a la espera de que alguien llegue y arregle la tierrita, plante árboles y flores y, de paso, las riegue y las cuide. Y mientras nos quejamos y criticamos a los que sí están haciéndose cargo de su jardín.

Confieso que sí atendía partes de él y también dejaba otras esperando que llegara alguien a hacerse cargo de ellas. Pero a mí, al menos, no me resultó y parece que a la mayoría tampoco. Si insistimos en esperar a que alguien convierta nuestra tierra árida en un hermoso jardín, nos decepcionaremos mucho porque aun si alguien se acerca de voluntario, lo hará como quiera, con las flores y los árboles que a él o ella les gusten y de la forma que les parezca. Y, encima de todo, pelearemos y nos quejaremos de que no lo hizo a nuestra manera. O nos tendremos que hacer a un lado, incluso cederle el terreno que fue nuestro.

Como parte de hacernos cargo de nuestra vida es necesario soltar las fantasías y, para empezar, es importante revisar nuestras creencias acerca del amor y de la pareja. ¿De dónde sacamos la idea de que alguien o el amor nos rescatará? Escribir acerca de esto es un excelente ejercicio, haz una lista de todos los condicionamientos que llevas en relación con este tema. Por ejemplo:

1. Cuando llegue la persona "correcta" la relación será muy fácil.
2. Si me ama, sabrá lo que necesito (aunque yo no lo sepa, él sí lo sabrá).
3. Cuando encuentre el amor, todo estará bien en mi vida.
4. Con la persona "correcta" nunca más sentiré (inseguridad, miedo, celos, etcétera).
5. Él / ella sí me entenderá.

En este proceso de soltar fantasías, algo vital es darnos cuenta de cuáles son las necesidades que no están siendo satisfechas en nuestra vida actual (reconocimiento, aceptación, afecto, autonomía, compañía), trabajar con ellas, reconociendo cómo este vacío nació en la infancia, etapa en la que no sólo no se llenaron, sino tampoco nos enseñaron qué hacer con ellas. De hecho, creemos que necesitar es algo "malo". En algunos de mis grupos, al inicio pregunto a cada participante cuál fue su motivación para venir al taller y recibo una respuesta común: no necesitar a nadie, ser completamente independiente y así no sufrir.

Somos seres interdependientes, necesitamos. Las necesidades nunca son el problema, el problema está relacionado con las estrategias o las formas que usamos, muchas veces sin darnos cuenta, para llenar necesidades que no estamos seguros que tenemos. Un ejemplo: necesitamos descanso y, en vez de descansar, comemos en exceso. Obvio, la necesidad primordial nunca se satisface, nos sentimos mal, de pésimo humor y estresados.

O estamos pasando por una ruptura amorosa y sentimos una gran necesidad de desahogo, apapacho, apoyo, pero en vez de buscar esto en amigos o en trabajo interior, nos echamos "un tequilita" –o varios– para sentirnos mejor, y aunque de momento parece que nos relajamos, en realidad el alcohol altera nuestro sistema nervioso, nuestras emociones, y cuando llega la cruda, nos sentimos peor que antes.

Por último, en este proceso de soltar fantasías, necesitamos regresar la energía que llevamos hacia afuera para culpar a alguien más por lo que no funciona en nuestra vida. Regresar esa energía a nosotros, no como una fuerza aplastante para culparnos, sino para responsabilizarnos de nuestra vida y aprender a trabajar en ella, con lo que hay. Hay que empezar por el lugar donde estamos.

Esto muchas veces implica pasar por el duelo de lo que no recibimos, de lo que no tenemos, así como el reconocimiento de las cosas que nos han dolido y que nos siguen doliendo. Mediante la aceptación de la realidad interna y externa, del dolor que pueden causarnos, empezamos a nutrirnos y a crecer, a pararnos en nuestros pies con dignidad y amor propio.

Desde este espacio podemos vernos y aceptarnos como somos, como estamos hoy. Con carencias, defectos, riquezas, dones. Una vez logrado esto, entonces podrás ver quién es la otra persona y aceptarla como es. Esto no implica que tengas que quedarte, pero sí implica que, al verlo con la mirada de una persona adulta, podrás elegir si es alguien que quieres en tu vida o no.

Y ésta es la verdadera promesa del amor adulto: estar con otra persona en un espacio donde ambos compartan quienes son y, hasta donde cada uno quiera, lo que hacen. Donde ambos son capaces de verse y aceptarlo. Esto será posible cuando suelten sus fantasías.

> El amor es una actividad, no un afecto pasivo;
> es un "estar continuado", no un "súbito arranque".
> Es dar, no recibir. ¿Qué es dar? El malentendido
> más común consiste en suponer que dar significa
> "renunciar" a algo, privarse de algo, sacrificarse.
> —Erich Fromm

LA VIDA, ASÍ COMO ES

Crear un espacio para este amor maduro significa quitarse vendas, no sólo en el plano de las relaciones románticas, también en otras áreas de la vida. Reconocer estas fantasías que, al igual que las románticas, se apoyan en mensajes erróneos acerca de lo que tendría que ser la vida.

Pareciera que el problema, la base de nuestro sufrimiento, no es la vida en sí, sino lo que nosotros pensamos de ella, todas las expectativas que le ponemos y el tremendo esfuerzo por evadir lo que está pasando. Perdidos en ilusiones y sueños acerca de la vida, nos frustramos, nos enojamos y nos peleamos con la existencia hasta llegar a deprimirnos y cerrar nuestros corazones a ella, porque no fue lo que queríamos.

Mi invitación en este libro es realizar un viaje al interior para entender y sanar estos patrones que nos atrapan en el dolor, porque es puro sufrimiento tratar de cambiar la vida. Quizá incluso encuentres que aceptar la realidad permite experimentar un nuevo gozo y disfrutar de la profunda libertad que llega con la aceptación. Así, tal cual, viviendo la vida sin cuentos.

Entre más vendas nos pongamos sobre los ojos, mayor será el grado de dificultad para apreciar la existencia. Hay muchos futuros esperándonos y nos toca escoger el que deseamos vivir. Y es que, nos demos cuenta o no, siempre estamos decidiendo en la vida. Podríamos empezar por indagar: si no tengo la relación que quiero, el trabajo que quiero, la vida que quiero, ¿no estoy haciendo bien las cosas o hay algo mal en mí?

El mercado esotérico y de desarrollo humano está lleno de talleres y cursos para mejorar tu vida, para atraer a la pareja de tus sueños, abundancia, amor, salud. Muchos prometen la felicidad eterna, borrar nuestros traumas con sólo bajarnos o subirnos, dependiendo el curso, a niveles más profundos o más elevados de conciencia.

Hay propuestas muy superficiales donde el énfasis es decretar lo que quieras para lograrlo. Metafóricamente, la idea es tratar de cambiarnos el *software*, quitar el programa viejo, meter uno nuevo en el cual nos decimos lo maravilloso que somos cada mañana. La cuestión es que no se trata de creer que somos maravillosos, porque eso no nos define, sólo nos infla el ego por un rato. Ninguno de esos decretos que usamos para elevar la autoestima y que no tienen nada que ver con nosotros son una base real donde podamos construir una identidad verdadera.

Lo que ayuda a conseguir lo que deseamos y sostenernos ante las adversidades es lo que somos. Hay propuestas más profundas que invitan a entender que mucho de lo que no nos gusta en este momento tiene que ver con que no sabemos quiénes somos y estamos buscando la pareja, el trabajo, las amistades desde la motivación, el entendimiento incorrecto y, por ello, surge la insatisfacción.

Este libro toca este aspecto: cómo ir de esa persona que has creído que eres a quien en realidad eres hoy. De nuevo, la respuesta se relaciona con las heridas emocionales.

Me explico: de niños no tenemos la menor idea de quiénes somos, simplemente somos. En los primeros años de la vida se crea una identidad basada en eso que los padres espejean a los hijos. El problema es que los padres tampoco saben quiénes son realmente, ellos también fueron producto de condicionamientos y expectativas y, tal vez, no han tomado el camino del autodescubrimiento y del desarrollo personal. Y, por lo mismo, transmiten esos condicionamientos y esas expectativas seguros de que es la forma de vivir la vida.

¿Cómo encontrar nuestro camino único, nuestro sentido de vida verdadero y no el que nos heredaron? ¿Cómo dejar de perseguir sueños y fantasías de alguien más y ocuparnos en crear nuestra propia vida?

Como todo viaje, el viaje de recuperarnos, de descubrir quiénes somos, de reconectarnos con nuestra verdadera esencia, tiene varias etapas: caminos, puentes, túneles, océanos que cruzar y montañas que escalar.

Uno de esos pasos implica separarnos de nuestras raíces, tomar distancia de la familia, darnos el espacio y el tiempo para descubrir quiénes somos cuando no tratamos de complacer a mamá o a papá, cuando no competimos con un hermano, con un amigo o tratamos de quedar bien con la familia y el entorno.

Cuando tenía como veinte años, mi hermano mayor de veintiuno se fue a trabajar a otra ciudad. Poco después se movió a otro lugar y luego renunció a la empresa donde hacía sus prácticas de hotelero. Raúl encontró en esa nueva ciudad un grupo de personas, meditadores con los que formó una comunidad. Tenían un guía, un maestro espiritual con quien crearon una comuna y todos los del grupo —o la mayoría— vivían allí. Mucho tiempo lo juzgamos por estar alejado de nosotros, no sólo físicamente sino también en lo emocional.

Años más tarde, mi hermano fue un guía en mi propio camino de desprenderme de capas y capas de condicionamientos familiares. Me dijo algo que se me quedó muy grabado: para encontrarnos, necesitamos alejarnos del entorno familiar. Dentro de éste es difícil quitarnos las máscaras, salirnos de los roles, donde la misma dinámica familiar nos colocó. Es muy fácil perderse y quedarse dentro de la prisión de los condicionamientos cuando seguimos dentro de la caja.

Esto implica separarnos física, emocional y espiritualmente, salirnos de las fantasías y permitirnos sentir el dolor que nos causó haber sido tratados con inconciencia, negligencia e invasión. El dolor de que nuestras necesidades de niños no hayan sido cuidadas ni respetadas. El que no nos apoyaran a encontrar y cultivar nuestros dones naturales, sino que nos quisieran hacer de cierta manera que encajaba mejor con la cultura familiar y social, sentir el enojo que no nos permitimos sentir por todo lo que faltó y por lo que no pudimos decir o hacer cuando éramos niños o adolescentes.

Esta distancia nos permite observar con cuidado todo lo que nos enseñaron y dijeron acerca de la vida, la forma en que teníamos que vivirla y los valores que teníamos que abrazar. Éste es el momento de revisar todo y tomar lo que nos funcione, lo que dé sentido a lo que somos. No es nada sencillo, hay que decirlo, requiere mucho valor para dejar de proteger a nuestros padres, a nuestra familia, ver y sentir las cosas como fueron, sin cuentos chinos.

Recordemos que esto no es para ver a los padres como los causantes de nuestras desgracias o disfuncionalidad. Si queremos sanar a nuestro niño herido, necesitamos dejar de pretender, de justificar lo vivido y reconocer que sufrimos negligencia e invasión de parte de nuestros cuidadores. Sin este reconocimiento no hay mucho que hacer. Nuestro niño interior necesita ser dignificado en su dolor por nosotros. Se trata de un proceso lento, requiere tiempo, paciencia y trabajo. Podemos plantar la semilla, pero no es posible jalar la planta para que crezca más rápido.

NUESTRO SENTIDO DE VIDA

Estoy convencida de la importancia que tiene el sentido de la vida y que, justamente, este propósito, a pesar de los obstáculos, permite seguir adelante para soportar las pruebas fuertes que enfrentamos en el camino. Este sentido nos ayuda a abrirnos y a confiar en que algo más grande, algo superior a nosotros, está dirigiendo nuestros pasos. Sé que es necesario encontrar dentro de nosotros este propósito, este anhelo del corazón, que será nuestro guía en el camino.

Muchas de las cosas terribles que nos pasan a lo largo de los años son llamadas de atención de la vida, formas de ayudarnos a soltar cosas, situaciones, relaciones que no nos ayudan a crecer y en las que estamos atorados. Existe una fuerza superior que nos lleva a nuestro verdadero destino, esta fuerza se comunica con nosotros por medio del anhelo, que quizá sea la voz de nuestro ser interior. Esa parte preciosa dentro de nosotros es un anhelo de sentirse en casa, de sentirse completo. Contiene tanto dolor como la sensación de algo precioso. El anhelo nos conecta con el corazón, donde habita nuestra verdad y, por ende, nuestra sanación.

Cuando el corazón se abre experimentamos dulzura, dolor, gozo, tristeza, pasión y silencio, y muchas otras cualidades. Puede ser un anhelo para sentir paz, amor, libertad, éxito, o ser quien eres y expresar ese amor y creatividad en el mundo.

Necesitamos conectarnos con esa parte que todos tenemos y que quizá hemos cerrado; necesitamos sentir qué es eso que tanto anhelamos y queremos en nuestra vida; comprender la intención y establecer el compromiso con nosotros de encontrarlo. Ésa es la fuerza que nos lleva por las cimas y los valles de nuestra vida.

Por eso es importante no distraernos en cuentos de hadas, dramas, intentos de cambiar a otros o incluso en historias de terror. Al estar distraídos afuera no escuchamos la voz interna, la guía que nos enseña nuestro camino, el propósito de nuestras vidas. Esta voz puede volverse cada vez más fuerte y si seguimos sordos a ella, empezará a gritarnos o a sacudirnos un poco para que escuchemos.

El primer llamado que hace nunca es tan severo, porque siempre hay señales posteriores a los rompimientos, los despidos, las bancarrotas, las enfermedades, etcétera. Al menos, hoy puedo ver esas señales suaves que se me presentaron antes de los empujones y las sacudidas. Si observas y analizas todo lo que has vivido, quizá puedas ver que en un inicio el llamado fue suave, pero en nuestro aferramiento, nos hacemos los sordos y la vida, cual madre amorosa que es, nos llama la atención de forma más fuerte hasta que hacemos caso.

Cuesta trabajo escuchar nuestra voz interna, porque crecemos muy confundidos y distraídos con el ruido del exterior. El verdadero sentido de vida se ha distorsionado y afectado por los condicionamientos y las ideas recibidas durante la infancia. Eso tiene que ver con la sociedad en la cual crecimos, la cultura, la familia, pero casi nunca con nuestra esencia. Creemos que estamos aquí para escribir lindas historias de amor, cuentos de príncipes y princesas, historias de éxito social. Tenemos una idea muy fantasiosa acerca de la vida y cuando las cosas no resultan de esta manera, nos frustramos, nos deprimimos y nos creemos fracasados.

La inseguridad es inevitable ante la ausencia de un sentido de valía personal. Sin un sentido de conexión con ideas más profundas y nobles estamos condenados a una lucha desesperada por cosas que nos llenen: el trabajo, las relaciones afectivas, la apariencia, el cuerpo.
Nos tiraniza la creencia de que somos incapaces.
Ni el peor de los nazis con una ametralladora sería
una presencia tan atormentadora.
—Marianne Williamson, *El valor de lo femenino*

Buscamos ese sentido de valía afuera porque así aprendimos a hacerlo, así nos enseñaron. Aprendimos a funcionar o no funcionar afuera, en el mundo, pero no nos dijeron que todo inicia en nosotros.

Si mi familia me dice que tengo que ser abogada porque es la tradición y a mí no me gusta, lo hago porque así está establecido en las normas familiares, aunque me sienta mal siempre. Quizá por un tiempo me satisfaga el hecho de haber sido una "buena hija", seguir la tradición y no dar problemas a mis padres, pero llegará un momento en que no sea suficiente, la frustración crecerá y entonces, muy posiblemente, entraré en fuertes crisis.

¿Cómo puedo encontrar mi sentido de vida si estoy en el camino incorrecto? ¿Qué tal si lo que mi corazón anhela es expresarse por medio de la actuación y resulta que ese camino es el que me llevaría hacia mi creatividad hasta mi propia realización? Puede ser cualquier cosa la que te conecte con tu verdadera naturaleza. No necesariamente será una profesión o un trabajo, se trata de conectarnos con lo que somos, lo que el corazón desee, seguir nuestro anhelo pues éste nos abrirá puertas. Lo importante es atrevernos. Si nos quedamos en la zona de comodidad, en nuestros miedos, las puertas permanecerán cerradas y seguiremos buscando nuestro valor en mundos y sitios de falsos poderes, de castillos de aire. Ahí no hay forma de encontrarlo.

La vida no es el cuento rosa que nos contaron de niños y que tratamos de emular. No puedo dar una definición de lo que es la vida, porque aún sigo en el proceso de definir la mía. Cualquier cosa que diga será una idea parcial, pero sí soy consciente de que la vida está pasando aquí y ahora, no en el pasado ni en el futuro. Entonces, comprenderé que *está sucediendo*. Para ver las señales, para abrir los ojos, debemos despertar, porque estamos sumidos en sueños que muchas veces tienen el sabor de una pesadilla, y aún así nos aferramos a ellos. En alguna ocasión, me parece que en un grupo de doce pasos, escuché esta frase: "La vida es algo que sucede mientras estamos distraídos con algo más."

La vida es tan amorosa, que a veces cuando no despertamos por nosotros mismos nos sacude lo suficientemente fuerte para que abramos los ojos, pero en vez de ver el amor de la existencia en los eventos, nos da por sentirnos víctimas y pensar que no merecemos nada, cuando, en realidad, el universo nos está empujando a seguir nuestros sueños, a cumplir con lo que sí somos.

En última instancia, vivir significa asumir la responsabilidad
de encontrar la respuesta correcta a los problemas
que ello plantea y cumplir las tareas que la vida asigna
continuamente a cada individuo.
—Viktor Frankl, *El hombre en busca de sentido*

CAPÍTULO 2

Cuando amamos demasiado, demasiado mal

> Cuando llega el momento en el que estás preparado
> para explorar el mundo del amor, estás tan lleno
> de tonterías acerca de él que no tienes muchas posibilidades
> de encontrar el amor auténtico y desechar el falso.
> —Osho

Durante mucho tiempo escuché la palabra codependiente sin entender qué significaba. Pensaba que sólo se aplicaba para las esposas de los alcohólicos. Me las imaginaba cuidando al marido borracho, limpiando sus vómitos, ayudándolo a llegar a su recámara cuando no podían ni caminar y, a la mañana siguiente, llamando al jefe del marido con alguna excusa porque el señor no podía ni levantarse. Como yo no hacía esas cosas, me convencí de que no era codependiente.

También creía que ser codependiente era característica de la mujer, hasta que vi la película *Cuando un hombre ama a una mujer.* Me sorprendí ante el hecho de que también los hombres pudieran serlo. Claro, es una película estadounidense y me parecía que, salvo excepciones, en nuestra cultura latina siempre es más común que la mujer sea la codependiente y el hombre el adicto a alguna sustancia. Entonces no sabía que las adicciones son la forma del adicto de huir de sus propias dependencias emocionales. Sencillamente, podríamos decir que debajo de toda adicción, hay profundas dependencias basadas en nuestros miedos de infancia.

En nuestra cultura, tenemos un condicionamiento en la forma de amar, llegamos a ser "mujeres y hombres que amamos demasiado". En mi trabajo he podido comprender que ese "amar demasiado" no tiene nada que ver con el amor, sino con la devastadora falta de éste. Somos seres con profundos miedos y actuamos desde ese sentimiento sin darnos cuenta. Tales miedos son los que nos enganchan en relaciones tóxicas, en las que esperamos que esa persona nos dé el amor que necesitamos desesperadamente y que somos incapaces de darnos.

"AMANDO" SIN AMAR

Hace tiempo lancé la pregunta en Facebook: "¿Qué es para ti amar demasiado, demasiado mal?" Y éstas fueron algunas de las respuestas que me enviaron:

- 🐝 Querer que el otro te dé lo que te falta. Querer que el otro te haga el mundo que tú no puedes hacer. Querer sólo si cumple tus expectativas. No estar para el otro. No invertir en conocerlo, comprenderlo.
- 🐝 No respetarlo. Usarlo para tu bienestar. No verlo como una persona con quien compartir sino algo que te distrae de tu dolor.

- En corto: amar a quien no se ama, a quien se lastima y hacerte su aliado porque tampoco te amas.
- Anularte y anularlo, convertir la vida de los dos en un infierno de celos y mentiras.
- Querer amar a alguien, antes de aprender a amarme.
- Intentar controlar la vida del otro, querer que sea todo lo que tú quieres y que esa otra persona llene tus necesidades.
- Estar pendiente de una persona y resolverle la vida como si fuera la tuya.
- Dar demasiado, hasta hostigar e irónicamente pensar que eso es amar.
- Perderte de tu valor por apreciar demasiado al otro. Siempre ponerlo en un pedestal.
- Dar todo sin un balance, lo cual se convierte en obligación del que da. Al final, este dar todo se exige y el otro se acostumbra a recibirlo sin esfuerzo.
- No hablar las cosas que molestan por miedo a generar conflicto. Creyendo que se trata de aguantar o perder a la otra persona. Y justo por no perderla uno *aguanta* ciertas cosas que al final terminan siendo el motivo de ruptura.
- Ceder en cosas que son importantes para ti, pasar por encima de tus propias necesidades para que el otro no se vaya.
- Amar demasiado mal es para ti caer en desesperación, dejar de ser tú, caer en vicios para agradar al otro.
- Como cuando te haces amante de alguien que no te valora, pero lo quieres y quieres estar con él, platicar con él, pero la única forma que te permite estar con él es siendo el segundo, el "otro".
- Respirar, vivir, caminar y ver a través de los ojos de tu pareja, no dejarla crecer, cuidarla y convencerla de que te

necesita para que no se vaya. Termina siendo dueña de tus emociones.

- ♥ Olvidarte de ti por el otro. Creer que va a cambiar por ti.
- ♥ Es como olvidarte de ti para complacer al otro y cuando se va es como quedarte seco.
- ♥ Compartir esperando que la otra persona haga lo mismo. Intentar cambiarla para que sea el ideal que deseas. No ver más que lo que quieres ver.
- ♥ ¿Amar demasiado mal? ¿Así como cuando me dio trastorno de personalidad y no era yo si no otra y esa otra sí es co-dependiente y crédula? ¿Como cuando le hice a mi ex la comida con todos sus amigos de club y quedó padrísima? Él casi no gastó nada porque todo lo conseguí con mis amigos. La reunión quedó soberbia y ni siquiera recibí una palmada en el hombro. Me di cuenta de que no debía poner el 100%, que cada uno debíamos poner cincuenta y cincuenta. Y como no vi claro, mejor me fui.

Estas opiniones fueron expresadas por personas normales, como tú y como yo. Por supuesto que mi pregunta fue un poco irónica, porque, como lo comento al inicio de este capítulo, "amar demasiado mal" no tiene nada que ver con el amor.

No es posible amar demasiado o hacerlo mal. La ausencia del amor es justo lo que nos hace actuar de esa forma, esperando que alguien de afuera nos dé lo que carecemos. Alguien que llene nuestros vacíos y traiga a nuestra vida la magia y la alegría que nos prometieron que llegaría con el "amor". Y para aclarar más el tema usaré una palabrita que a muchos les aterra: *codependencia*.

El término "codependencia" se refiere a una condición en la cual nuestra falta de confianza y autoestima dan origen a la incapacidad para tener amor en nuestras vidas. Como *co*-dependientes intentamos encontrar algo afuera: personas, situaciones que llenen los profundos sentimientos de vacío y que nos hagan sentir mejor con nosotros mismos. También es posible que desde nuestros miedos evitemos, a veces de manera inconsciente, las relaciones cercanas con otras personas, manteniendo todo a un nivel superficial, donde no tengamos que tocar o abrir los espacios internos que hemos mantenido escondidos del mundo, incluso de nosotros mismos. Ésa es la zona de vulnerabilidad que guarda nuestros más profundos miedos, nuestra vergüenza, nuestras necesidades, nuestra energía vital, etcétera.

Podemos, entonces, afirmar que las personas codependientes ponen toda su energía en tratar de ser amados, aceptados, apreciados, y muchas veces en este intento se enredan en relaciones conflictivas y tóxicas que, en vez de darles lo que necesitan, los hunden más en estos huecos emocionales. O quizá se van al otro lado y evitan la cercanía de otro ser humano, cerrándose e ignorando sus necesidades de conexión y amor. Y viven aislados haciendo todo lo posible para no establecer relaciones íntimas.

¿Por qué actuamos así? ¿Por qué, siendo adultos, inteligentes, productivos y teniendo cierto conocimiento del tema somos incapaces de tener amor en nuestras vidas? Hemos leído o escuchado mucho acerca de las relaciones de pareja, de lo que debemos o no hacer y seguimos tratando de encontrar a otra persona que llene esos sentimientos de vacío, que con su amor nos haga sentir que somos dignos de ser amados, nos valore para ver si aprendemos a hacerlo nosotros mismos. Vamos a talleres, escuchamos miles de programas con grandes especialistas, leemos libros, nos levantamos por las mañanas y recitamos como mantras esos decretos que aprendimos para convencernos de que somos maravillosos y podemos atraer a nuestra vida el gran amor que nos repetimos porque nos lo merecemos. Y nada, nos perdemos en los otros, nos aislamos para evitar que nos lastimen de nuevo, y lo prometido, ese gran amor que sanará todo, simplemente no llega.

NADA MÁS CAÓTICO QUE ENCONTRAR EL ANTÍDOTO, LA HERIDA Y LA ESPINA EN LA MISMA PERSONA

Hace ocho años escribí el libro *Amor… ¿o codependencia?* Desde entonces he tomado diferentes entrenamientos y cursos acerca de lo que implica la codependencia, de las heridas infantiles, de los traumas vividos en nuestros primeros años. Asimismo, he guiado infinidad de talleres y grupos de sanación, he dictado conferencias, he escrito artículos, he sido invitada a diferentes programas de televisión y radio, y he dado cientos de sesiones individuales a personas —en su mayoría mujeres latinas viviendo en este país y en diferentes partes del mundo—. Pero, más importante que todos estos estudios y entrenamientos es la experiencia de vida que he adquirido sobre mi forma de relacionarme. Uno de mis aprendizajes es que no puedo acompañar a nadie en su sanación, si yo no he caminado ese tramo y bajado a mis propias oscuridades. Soy una persona a quien le gusta entrar a esas partes oscuras e indagar qué se esconde allí.

Hace algunos años, estaba en una relación que había durado cerca de dieciocho años, con sus pausas y separaciones, pero siempre dentro de una gran amistad. Más que nada, fuimos y seguimos siendo amigos. De alguna manera, creo que cuando nos encontramos los dos estábamos bastante perdidos, coincidimos en nuestras maneras disfuncionales de vivir la vida. No sé cómo se fue tejiendo entre nosotros esta amistad tan profunda, lo que sí sé es que fuimos cómplices en la disfuncionalidad, pero también en la sanación. A través de los años, aun en los periodos de separación, nos apoyamos y siempre estuvimos –y seguimos estando– el uno para el otro. Quizá nuestros espíritus hicieron alguna especie de pacto para ayudarnos y cuidarnos en esta vida; quizá desde nuestra orfandad emocional la ternura que ambos sentimos por el otro fue más fuerte que los juegos de poder, que las estrategias de control, que esas conductas que afectan y dañan las relaciones. Definitivamente, algo hicimos bien porque ambos crecimos en amor y aceptación. Ambos nos espejeamos de manera transparente y amorosa. De él, aprendí el valor de la soledad, del silencio y el contacto interno, las caminatas en la naturaleza, lo divertido de "pueblear" e ir a los mercados, a divertirnos aun sin un quinto en la bolsa. Me enseñó a apreciar el arte, el buen cine, la literatura y el teatro. De mí aprendió a tocar la vida, a relacionarse con el mundo externo. A bailar, aunque fuera sólo con los ojos, a reír y a gastar todo lo que teníamos en una cena estúpidamente cara por el simple placer de hacerlo. Podría decir que lo introduje al mundo de las terapias y las meditaciones, de los *rimpochés* y los chamanes, pero creo que no fue así. Óscar siempre ha sido un hombre zen y las terapias le han importado poco. Tiene una gran capacidad de autorreflexión y un corazón del tamaño de la Luna, un sentido de autorresponsabilidad e integridad admirables. Claro, a veces discutíamos y peleábamos como cualquier pareja, a veces nos hartábamos el uno del otro y tomábamos distancia. Pero nos dejamos ser, nos dejamos ir y regresar, y enojarnos y contentarnos, siempre nos cuidamos de no lastimarnos. Eso fue bueno, muy bueno por muchos años. Óscar se convirtió en mi espacio de solaz, de descanso, mi refugio de todo lo que me había lastimado en el pasado. Pero un día me di cuenta de que ya me tocaba salir al mundo. La metamorfosis se había realizado y la vida nos lanzaba afuera del capullo. Era el momento de probar las alas.

La separación con Óscar abrió un nuevo rumbo en mi vida: cambio de residencia, varios intentos fallidos de relaciones, vivir situaciones que me mostraron lo que todavía estaba en mí sin resolver: mis apegos, mis ansiedades, mis inseguridades, mis enojos, mis dolores. Mi miedo a sentirme sola, los vacíos y los agujeros emocionales, que según yo ya no estaban, reaparecieron. Literalmente, la vida me tiró del pedestal donde yo me había puesto, asegurando que jamás sufriría por amor. Claro, desde la seguridad de mi castillito con Óscar, no había ningún problema. Una vez afuera en el bosque, los monstruos aparecieron de nuevo. De uno de esos enfrentamientos nació el párrafo con el que comienzo este libro. Reconozco que las herramientas adquiridas en mi relación con Óscar, el trabajo personal realizado a lo largo de todos estos años, la capacidad de abrirme a la vida y ver adentro de mí, las maravillosas enseñanzas de escuelas como Ontogonía, Learning Love Institute, Path of Love, Experiencia Somática, Comunicación No Violenta, meditar y orar, mi profundo proceso de reconexión con esta parte sabia, arraigada, más consciente, han sido grandes recursos en esta nueva etapa de mi vida.

Y así empezó mi doctorado empírico en la codependencia.

**Cuando estamos en el estado de trance, la vida
nos responde de maneras impredecibles.
La vida y las personas nos espejean nuestros trances.**

Podemos decir que este proceso es un tipo de radio transmisor enviando
mensajes. Cuando estamos enviando un mensaje contante
que es único a ese trance, recibimos un mensaje predecible de regreso.
Es como mirarnos en un espejo.
Cuando empezamos a ser capaces de ver el reflejo
que nos llega y empezamos a comprender el mensaje
que estamos enviando al exterior, comenzamos nuestra jornada
de escape de la prisión de nuestro niño emocional.
—Krishnananda y Amana Trobe, *Stepping out of Fear*

EMPEZANDO A VER

Mis grandes maestros en el tema de la codependencia y el trabajo con las heridas de la infancia han sido Krishnananda y Amana Trobe, creadores del Learning Love Institute, una asociación internacional cuyo principio es ayudar a las personas a reconectarse con la confianza básica en sí mismos y aprender el arte de intimar de manera profunda, comprometida y sustancial.

Suena hermoso, pero para llegar a esto, hay que entrarle fuerte a la parte de nuestras vidas que hemos negado, escondido, compensado, evitado y rechazado, pero que está allí, escondida en lo recóndito de nuestra psique, manejando y controlando muchas, si no todas, las áreas de nuestras vidas presentes. La razón por la que es tan difícil comenzar este trabajo es porque hemos invertido años y recursos de nuestra vida para olvidar que esa parte existe. Duele, y duele mucho abrir estas puertas, pero al final es la única forma en la que podemos sanarnos.

Cuando entramos, lo que hallamos es lo que conocemos como "niño o niña interior", lo cual es una metáfora para describir esa parte extremadamente vulnerable y valiosa que ha experimentado traumas en forma de represión, descuidos, mentiras, invasión, incluso traiciones.

Somos, en palabras de mi hermana Patricia Medina, como un pan que metimos al horno, y cuando lo sacamos, se ve bien por fuera, pero al partirlo notamos que hay partes que no se cocieron, otras se quemaron y unas más están bien. Y esas partes no cocidas o quemadas son las que se quedaron "chiquitas", que no maduraron, se quedaron atoradas en situaciones del pasado y perciben la vida como una amenaza continua.

Es una parte muy frágil, afectada por el exterior y, por lo mismo, se activa con frecuencia; y cuando nos toma, nos mete en una especie de trance. Es decir, nos hace ver la vida a través de filtros. Como si usáramos anteojos con lentes intercambiables, que nos hacen verla con desconfianza, otros con miedo, otros con vergüenza, culpas, sensaciones de rechazos y posibles abandonos, de parejas y de personas significativas. Y no sólo la vemos de esa manera, creemos que es así y actuamos como si eso estuviera pasando. Si traigo los lentes del rechazo, sentiré y pensaré que todos me rechazan y actuaré como si lo estuvieran haciendo. Éste es un tipo de trance.

Carlos de León de Wit, a quien debo mi despertar espiritual y emocional, y con quien trabajé por años desde muy joven, en su escuela de Psicoterapia Ontogónica, nos hablaba mucho acerca de estos "filtros de conciencia". Recuerdo cuando empecé a escuchar el término, era muy difícil para mí comprender el concepto. De pronto, alguien explicaba que lo que vemos como nuestra realidad no es *la realidad*. No es fácil que alguien venga y te diga que traes una venda en los ojos, que lo que ves no siempre es lo que es.

Más tarde, esto mismo lo escuché de varios maestros: "Lo primero en un camino es quitarte la venda, limpiar tu visión de la vida." Quitar la parte fantasiosa y enfrentar lo que sí es. Y no sólo enfrentarlo, aprender a aceptarlo, incluso a amarlo y agradecerlo. Así, tal como es: ésta es la vida que me tocó vivir y no es mala, no cuando soy capaz de regresar a este momento y ver que aquí y ahora no me falta nada.

Al hacer un recuento de mi vida, aun en los momentos más difíciles, la existencia me ha apoyado: he sido cuidada, guiada y amada. Y lo más importante: estoy viva y sigo en el proceso de crecer y compartir. Esto le da un gran significado a mi vida. Y este significado es lo que me ayuda a superar los momentos duros, los ríos con aguas turbulentas.

Lo que me complica, como de seguro le pasa a la mayoría, es cuando la emoción me domina y surgen los pensamientos del miedo, de la vergüenza, y mi visión se nubla ante estas emociones y pensamientos. Por eso ha sido tan importante para mí entender a fondo los conceptos de "trances", "juez interior", "heridas" y varios más, los cuales, una vez que los he podido observar e integrar, dejaron de ser conceptos para convertirse en experiencias que me guían en el mapa de mi vida. Me siento como si jugara "Serpientes y escaleras".

Al menos, ahora entiendo más esas jugadas que me hacen resbalar cuando pensaba que iba adelante en el juego, y puedo encontrar más rápido las escaleras que me hagan retomar el camino y continuar jugando. Y para llegar a este lugar, he tenido que trabajar con todos estos conceptos, llevarlos a mi propia experiencia y ser capaz de enmarcarlos y nombrarlos. Darme cuenta de qué está hecha la venda, por qué me la puse, incluso reconocer que esa venda fue de gran ayuda para sobrevivir durante mis primeros años.

De mis entrenamientos y talleres con Krish y Amana, aprendí cómo nuestras heridas y traumas nos hacen ver la vida desde cuatro diferentes perspectivas: desconfianza, vergüenza, miedo/*shock* y rechazo/abandono. Estos traumas o heridas tienen una energía y eso es lo que estamos enviando al mundo.

Somos estaciones de radio transmitiendo ondas de cierta frecuencia y, por ende, atrayendo personas y situaciones que están dentro de esa frecuencia. Lo bueno de lo malo es que tales situaciones y personas son los espejos a través de los cuales podemos ver cómo está nuestro mundo interno, qué es lo que estamos atrayendo y qué resuena con lo que traemos adentro.

Cuando dejamos de culpar a la vida, a la mala suerte, a la brujería que nos hicieron, a la suegra, al marido, a la esposa, y entendemos que lo que está afuera es el reflejo de lo que traemos adentro y en vez de gastarnos queriendo cambiar o controlar lo externo –misión imposible por cierto– llevamos nuestra atención adentro y miramos nuestros propios asuntos, responsabilizándonos por ellos y por lo que estamos creando afuera, es cuando decimos que empezamos el camino de la verdadera sanación.

Una vez en este camino, el mundo se vuelve un maravilloso espejo. En el capítulo 6 hablaré más a profundidad de este tema.

Este libro habla sobre cómo crear el espacio para el amor, abrir los ojos y enfrentar lo que es. Como lo dije antes, para mí esto no ha sido fácil y por ello escogí el tema, ya que es uno de mis retos más grandes.

En el 2003, por circunstancias que compartí en mi primer libro, entré en el mundo de Osho. Este controversial maestro hindú que revolucionó al mundo occidental por varias décadas, hasta que murió en 1990. Desde muy joven había escuchado de él, primero como Rajneesh, luego como Osho. Había incluso leído alguno de sus libros como sugerencia de otros compañeros del camino, me encantaba su sentido del humor, su claridad y su forma desafiante de hablar, pero nunca había estado muy metida en su mundo.

En el 2003, después de una serie de eventos que se fueron dando mágicamente en mi vida, me encontré siendo parte del equipo, liderado por Prem Dayal, proveniente de un Osho Center en la Ciudad de México. Así comenzó una gran aventura en mi camino espiritual y en mi vida en general. Fueron años muy especiales para mí. Conocí personas que se convirtieron en mis hermanos de camino. Algunas de ellas siguen y seguirán siendo amigos de vida.

El Centro se llenaba cada tarde de amigos que venían a meditar y a convivir; era un lugar para la meditación, la creatividad, la amistad y la celebración de la vida. Osho murió en 1990, pero su legado continúa y parte de éste son las meditaciones activas que para mí fueron la llave de una verdadera alquimia interna, otros de sus grandes regalos son los terapeutas maravillosos que Osho en persona formó.

Tuve el honor de conocer y trabajar con varios de ellos a quienes trajimos de Europa para impartir talleres y entrenamientos. Con ellos aprendí el arte de la Terapia Meditativa.

Mis terapeutas son los jardineros que quitan la mala hierba para que yo entre con la semilla de la meditación.
—Osho

Conocí a Halima, terapeuta alemana quien desde joven estuvo en India en la Comuna de Osho. Halima es la más amada de quienes traté en aquellos años. Hali fue una hermana mayor para mí, gran amiga, quien me inició en el profundo trabajo con las mujeres. Ha sido un apoyo invaluable para mí con su sabiduría, amor y gran sentido del humor.

Una vez platicando por Skype, ya que lo hacemos con regularidad y nos contamos todo lo que está pasando, ante algo que le estaba platicando de mi última relación, se rio y me dijo: "You are a love junky" ("eres una adicta al amor"). Sí, sí que lo soy. Nada como un buen enredo amoroso para sacarme de mi vida y meterme en el drama y la pasión. ¡Mi forma favorita de huir de mí!

Dayal fue quien me abrió esa puerta, era un devoto seguidor de Osho —seguramente aún lo es—, de sus enseñanzas y, aunque él no lo conoció en vida, en aquellos años fue quien me introdujo y enseñó la práctica de las meditaciones activas, en especial en la meditación dinámica, la cual al inicio yo odiaba, pero tal como me decía, fue la gran herramienta que me ayudó a depurar, limpiar, acomodar y observar lo que pasaba dentro de mí en relación con lo que sucedía afuera.

Conocí y trabajé con varios más, entre ellos Rafia, quien unos años después me invitó a hacer el Path of Love en Alemania, proceso que, como detallé en mi primer libro, me cambió la vida. Después me integré a la asociación internacional y tomé talleres y entrenamientos con ellos en Europa.

Del grupo, quien me orientó con mi codependencia fue Satyarthi, también alumno directo de Osho, quien lo comisionó para que en colaboración con otras personas crearan un método de masaje profundo, conocido más tarde como Rebalancing. En aquellos tiempos, Satyarthi era alumno de Krishnananda y Amana Trobe a quien me referí líneas atrás. Ellos nunca vinieron a trabajar al Osho Center, pero yo leí uno de sus libros: *De la codependencia a la libertad: Cara a cara con el miedo* y, literalmente, por primera vez pude nombrar muchos asuntos emocionales que no lograba entender de mi vida. Pocos años después empecé a asistir a sus talleres y a entrenarme en su método de trabajo. El ser capaz de nombrar y enmarcar muchas de mis emociones y conductas fue una clave muy importante para mí.

Después de años de procesos terapéuticos, de grupos de doce pasos, de retiros exhaustivos, sabía que era codependiente y, por supuesto, conocía mucho de mi historia, pero aun así no entendía por qué seguía actuando de cierta manera, porque las relaciones tanto con hombres y con mujeres eran muy complicadas para mí. Tenía muchos amigos y amigas, pero entablar una relación profunda con alguien me ponía nerviosa. Que ese alguien se acercara y me viera era un pensamiento muy estresante que me ponía a la defensiva.

En apariencia yo era muy abierta, pero en el fondo estaba consciente de que no lo era tanto. Tenía puesta la máscara de mujer complaciente, amable, abierta y "buena onda". Dentro de mí había una parte muy avergonzada de lo que yo era. Una parte que no quería que nadie conociera.

Alguna vez una psicoterapeuta me dijo que yo era como una gran mansión con puertas abiertas a todos, las personas entraban sin restricciones a mis jardines, a muchas de las habitaciones, y nadie les ponía límites. Pero muy adentro había una torre donde una parte muy lastimada de mí se había encerrado y con esta parte lastimada había aislado también mi ser esencial. A esa torre nadie tenía acceso, ni siquiera yo. Justo así me sentía: si permitía que alguien se acercara demasiado me lastimaría, vería esta parte inadecuada, mal hecha, dañada, y empezaría a juzgarme, a criticarme, y se alejaría de mí.

Cuando empecé este trabajo con Satyarthi primero y después con Krish y Amana entendí lo que era esa vergüenza y cómo afectaba mi vida. Descubrir esto ha sido tan importante en mi sanación que los dos próximos capítulos están dedicados a la vergüenza y al miedo, dos de mis asuntos primarios y dos de los pilares de mi codependencia.

Regresemos al tema de los trances. Un día mientras estaba en mi escritorio del Osho Center, el querido Satyarthi se acercó y me dijo: "Eres muy fantasiosa." No lo entendí entonces. De hecho, lo único que pensé en ese momento es que no me conocía. Yo me veía como una persona aterrizada, práctica, sí un poco romántica e intensa, pero nada, según yo, fuera de lo común.

Abrir los ojos, ver cómo mitificaba la realidad, cómo vivía como si fuera la protagonista de una película o una novela romántica; reconocer mis dramas, mis autoengaños, la forma distorsionada en que veía la vida y a muchas personas. Cómo las subía a pedestales para bajarlas poco después. Pasaron varios años y varias cosas para empezar, si no a ver, al menos darme cuenta de que no estaba viendo. La vida es sabia y en su inmensa sabiduría nos trae situaciones que, nos guste o no, nos hacen abrir los ojos. No sé si para todos sea igual, supongo que en gran medida sí, lo que sé es que me dieron mis buenas sacudidas y cada una de ellas me ha ayudado para quitarme la venda de la mitificación.

Además de las sacudidas existenciales, un gran recurso ha sido entender el tema de los trances. Considero que vivir en un mundo nebuloso constituye y apoya el estado de codependencia. Nos negamos a ver lo que hay adentro y lo que está pasando afuera, nos aferramos a nuestras fantasías o a nuestros estados de dolor o de enojo, nos contamos historias y reaccionamos desde historias del pasado.

En nuestras vidas estos trances se activan con situaciones externas: una pareja que se va, un trabajo que perdemos, un amigo nos traiciona, algo sucede y se abre la herida que ha estado sepultada. Y, en ese momento, es como si una parte de nosotros regresara de forma inconsciente al pasado y nos perdiéramos en él, en la cicatriz original, pero sin darnos cuenta. Cuando esto pasa, reaccionamos de acuerdo con el trance al que entramos.

Al respecto, te comparto la historia de Katy:

Para mí, amar demasiado mal fue… asumir todo en mi relación y olvidarme de mí para construir algo con mi pareja. Me enamoré de una persona que, en principio, era absolutamente TODOS mis "NO" para una relación. No quería a alguien casado, con hijos, sin tiempo para una pareja, con mal humor, celoso, bla, bla, bla. Con el tiempo, todos esos NO se hicieron realidad.

Al principio imaginé que las cosas funcionarían porque creí que éramos personas muy parecidas, nos gustaban cosas similares, disfrutábamos hacer todo juntos, amábamos viajar, la comida, la bebida… asumí que todo eso podía neutralizar mis "peros" para tener una relación con él.

Pasó el tiempo y como toda persona puse mi cariño, mi confianza, mi tiempo, para fortalecer la relación que tenía. Supuse que estaba construyendo algo sólido con mi pareja. Él tenía un ritmo de vida más acelerado que el mío y decidí ser yo quien se acoplara a sus planes y a su tiempo, todo para que las cosas "funcionaran".

En el proceso de amar a esta persona me perdí. Dejé de pensar en mí, en lo que quería, en cosas que me agradaban. Dejé de ver a mis amistades, dejé de ver a mi familia, dejé de buscar cosas nuevas que me generaran bienestar o crecimiento, porque me convencí de que las cosas marchaban bien, que el mundo externo no se acoplaba con mi nueva forma de vivir. Yo me sentía "tranquila" en mi burbuja.

Un día, me di cuenta de que él estaba con otra persona al mismo tiempo que estaba conmigo. Ese día todo lo que había creído construir con mi "pareja" se derrumbó. Le dije que lo sabía, que ya lo había descubierto, pero lo negó todo y, ¿sabes?, ¡me quedé! Me quedé en la relación un año más, creyendo que con haberle dicho las cosas y estar con él bastaría para que cambiara y, ahora sí, me diera lo que yo creí merecer en la relación. Mientras tanto me iba enterando de más cosas cuando creía que todo se había tranquilizado e iba "asumiendo", una vez más, que todo estaba bien. Lo peor es que jamás cambió.

En ese tiempo me percaté de que ya no sabía quién era, no sabía qué quería para mí, no sabía dónde estaba parada, me sentía perdida. Sentía que todo lo que entregaba me hacía feliz, pero, al final, me di cuenta de que amé demasiado mal.

En palabras de Krish y Amana Trobe: "El trabajo de sanación es reconocer, entender y aceptar nuestras heridas y los trances en que éstas nos meten."

VIVIENDO EN EL TRANCE

Para describir los cuatro tipos de trance, me basaré en la explicación que da el Learning Love Institute para entender con más detalle cada uno de ellos.

1. Desconfianza

La desconfianza es un sentimiento esencial de nuestro niño herido. Acostumbrado a ser lastimado, abusado, incomprendido, presionado o invadido, nuestro niño interior no tiene la capacidad de creer que la situación sea diferente, que haya personas que lo traten bien. Por estos traumas se puede creer que el mundo es un lugar hostil, sin amor y sin apoyo.

Cuando algo de afuera detona esta desconfianza, inconscientemente relacionamos ese hecho con situaciones o personas de la infancia que crearon esta herida. Así se entra en el trance, de pronto, ante lo que nos detonó; es como si nos convirtiéramos de nuevo en niños indefensos que no pueden hacer nada ante la invasión, abuso o cualquier ataque del exterior y ante esta sensación de impotencia, reaccionamos y justificamos estas reacciones. En el trance no percibimos lo que en realidad pasa, nos perdemos en la herida de nuestro mundo interno y nos convencemos de que lo que vemos y sentimos es absolutamente cierto.

Muchas veces, para defendernos nos aislamos y nos separamos del mundo, ya que sospechamos de todo y de todos, y cuando abrimos el espacio de confianza en alguien o en algo, tarde o temprano un evento reactiva el temor y reafirmamos que no se puede creer en nadie, que pasará lo que más tememos. Creamos expectativas negativas y escribimos las historias de lo que sucederá; en general, eso es lo que sucede.

2. Vergüenza y culpa

Si crecimos en ambientes donde fuimos comparados, criticados, juzgados, y no sentimos amor ni aceptación incondicional, desarrollamos una profunda vergüenza hacia lo que somos. Ésta se activa ante cualquier rechazo o crítica por leve que sea. La vergüenza es una sensación de ser indignos de amor, deficientes, no valiosos.

Cuando se detona en nosotros, es como si algo nos quemara o nos aplastara, como si nuestra energía se colapsara, y nos sentimos horribles, chiquitos, mal hechos. En ese momento, nos desconectamos de nuestros recursos, de nuestra energía y de nuestra belleza. De tal desconexión surge la vergüenza tóxica porque nos separa de nuestro ser esencial. Como resultado, perdemos contacto y confianza con lo que percibimos, sentimos, pensamos y hacemos. Nos salimos de nosotros, nos perdemos.

Desde este estado de desconexión nos exigimos, nos humillamos, buscamos formas de compensar esa sensación de insuficiencia, nos aislamos o llevamos nuestra atención hacia el exterior con conductas tales como complacer a los demás, juzgar a otros, reaccionar, intentar controlar, etcétera. También presentamos conductas adictivas para atenuar esta sensación. El siguiente capítulo está dedicado a este tema por considerarlo una de las causas principales de nuestra incapacidad de establecer relaciones y situaciones satisfactorias y nutritivas en nuestra vida.

3. Miedo

El miedo puede ser una maravillosa forma en que nuestro sistema nos alerta de algo. Pensemos en esta situación: caminamos por una calle desierta por la noche y, de pronto, escuchamos sonidos de pisadas y sentimos miedo, lo que nos pone en estado de alerta. Ese sentimiento es justo lo que se necesita en ese momento. Si no sintiéramos miedo, quizá no nos cuidaríamos cuando es urgente hacerlo. Esta reacción es una parte de nuestra sabiduría corporal. En el mundo animal, a través del miedo los animales más vulnerables sienten el peligro, les avisa que se escondan o huyan.

Sin embargo, hay miedos que nos invaden y que, nada o poco, tienen que ver con lo que está pasando en la realidad. No están relacionados con el momento presente, son ecos de experiencias del pasado pero afectan nuestra vida, como si eso que nos asusta estuviera ocurriendo.

Esos miedos nacen de diversas formas de traumas de la infancia: cualquier manifestación de presión, invasión a los límites, críticas, expectativas, mensajes ambiguos, amenazas y alguna representación de violencia y sensación de inseguridad, causa que nuestro sistema nervioso se afecte y estos miedos no procesados permanezcan allí. Hay dos tipos de miedo: activo y congelado, también conocido como *shock*.

El miedo activo se expresa acelerando el sistema nervioso, se actúa forzando la maquinaria. Nos agitamos, todo se acelera y hacemos las cosas a una velocidad alta: comer, caminar, moverse, pensar, reaccionar. Este miedo activo nos hace entrar en modo de alerta máxima.

El *shock* o miedo congelado es un estado en el cual nuestro sistema nervioso no funciona como debiera. Simplemente se apaga.

Ambos pueden ser agudos, en un momento dado en que algo los detona o puede ser que estén en nosotros, como un estado crónico de ansiedad y ni siquiera nos demos cuenta de que vivimos en el trance del miedo.

Para quien se interese en saber más acerca del *shock*, la forma del miedo congelado, que casi todos albergamos en nuestro sistema nervioso, en menor o mayor medida, les recomiendo el trabajo de Peter A. Levin, *Experiencia somática*. Además, *El despertar del* tigre (*Awakening of The Tiger*), *Curar el trauma* (*Healing Trauma*) y *Una voz no hablada* (*An Unspoken Voice*) son algunos de sus libros.

Quiero compartir un extracto del libro *Curar el trauma*, donde Levin habla sobre uno de sus primeros experimentos con el trauma o *shock*:

A medida que comencé a trabajar con este paciente (llamémosla Nancy), ella se fue relajando. Sin embargo, de repente, comenzó a tener un ataque de pánico. Aterrorizado, sin saber qué hacer, vi en mi mente la imagen de un tigre listo para atacar. Apareció como un sueño y en ese momento no supe de dónde venía.

"Hay un tigre viniendo hacia ti, Nancy", le dije sin pensar. "Corre y escapa a esas rocas. ¡Corre por tu vida!" Para mi sorpresa, el cuerpo de Nancy comenzó a tiritar y sacudirse. Sus mejillas se pusieron rojas y comenzó a sudar. Después de algunos minutos, suspiró profundamente y repetidamente. Esta respuesta, que nos asustó a ambos, se apoderó de ella viniendo en olas por casi una hora. Al final, ella experimentó una calma muy profunda y dijo que se sintió "sostenida en cálidas olas de hormigueo".

Nancy me dijo que durante esa hora vio imágenes mentales de ella a los cuatro años siendo sostenida mientras le aplicaban anestesia de éter para operarla de las amígdalas. El miedo a la sofocación que experimentó como una niña —y que recordó y revisitó en su sesión conmigo— era aterrador. En ese momento se había sentido sobrepasada e indefensa. Después de esta única sesión conmigo, todos sus síntomas de debilidad mejoraron dramáticamente y ella fue capaz de seguir normalmente con su vida.

Esta experiencia con Nancy cambió el curso de mi vida. Abrió nuevas avenidas en mi investigación en curso sobre la naturaleza del estrés y el trauma, profundizó mi entendimiento de cómo el trauma afecta el cuerpo y me guio a una manera completamente nueva de tratar los efectos postraumáticos que pueden tomar formas muy negativas y destructivas.

El efecto del trauma (o shock) sin resolver puede ser devastador. Puede afectar nuestros hábitos y nuestra perspectiva de vida llevándonos a adicciones y una mala toma de decisiones, puede afectar nuestra vida en familia y nuestras relaciones interpersonales, puede provocar dolor físico real, síntomas y enfermedades, y puede llevar a un gran rango de comportamientos autodestructivos. Pero el trauma no tiene que ser una sentencia de por vida.

Como resultado de este miedo congelado podemos sufrir:

- ♡ Dificultad para sentir y expresar sentimientos.
- ♡ Dificultad para ser asertivos, expresar nuestro enojo y establecer límites cuando es necesario hacerlo.
- ♡ Disfunciones sexuales de todo tipo.
- ♡ Dificultad para expresar nuestra creatividad.
- ♡ Conductas adictivas.
- ♡ Ansiedad continua.
- ♡ La entrada en roles de víctima-tirano, recreando traumas de infancia.

No es difícil entender por qué alojar este miedo en nuestro sistema nos hace ver la vida con tanta angustia. Desde este trance es muy fácil caer en relaciones codependientes, en las cuales entregamos el poder y el control de nuestras vidas, sentimientos, acciones y pensamientos a alguien más.

Como un regalito para ustedes, les comparto estos ejercicios aprendidos en uno de los talleres con Krish y Amana, a quienes he mencionado mucho en este capítulo y lo seguiré haciendo a lo largo del libro, ya que, como dije, su trabajo ha iluminado mi camino en el tema de la codependencia.

Cuando estamos experimentando este miedo, sin importar lo fuerte, intenso que sea, hemos encontrado que lo que más nos ayuda es quedarnos con él de la siguiente manera:

- ♡ *Reconocer que estás en shock, reconoce tu miedo. A esto lo llamamos "enmarcar", y nos permite saber que estamos teniendo una experiencia de miedo en este momento.*
- ♡ *Toma varias respiraciones profundas y coloca tu mano en tu pecho, para calmar un poco la sensación molesta.*
- ♡ *Ahora toma unos momentos para rastrear las sensaciones de miedo o shock en tu cuerpo, y nota cómo afecta tu respiración, la tensión muscular, boca seca y la temperatura de tus extremidades. Quizá te encuentres con un poco de adormecimiento, entumecimiento en algún lado, falta de sensación, congelamiento, o te des cuenta de cómo se nubla la mente, como entra una sensación de desconexión con la realidad.*
- ♡ *Podemos notar pensamientos que llegan con el miedo, tales como: "Estoy aterrado/a, no la voy a hacer", "me van a despedir", "ya no me quiere". Al notarlos, puedes decirte: "Estos son pensamientos del miedo. Escojo no ponerles atención."*
- ♡ *Si seguimos sintiéndonos activados, agitados, podemos enfocarnos activamente en nuestra respiración, practicando ejercicios de respiración profunda.*
- ♡ *Necesitamos paciencia, estos procesos toman tiempo.*

4. Abandono y rechazo

Cuando empecé a leer acerca de la herida de abandono y de cómo nos causa la sensación de siempre ser "abandonables" y "rechazables", no me quedaba muy claro cuál era mi historia de abandono. Revisaba mi infancia y recordaba a mis padres. Cuando se divorciaron, mi papá se fue de Tabasco, para entonces yo tenía cerca de dieciséis años. Había entendido que la herida se forma en los primeros años de vida, así que mi "presunta" herida de abandono no tenía mucho sentido.

Tiempo después entendí que el abandono al que se refieren los estudiosos no sólo es físico. Aunque el físico sea uno de los "grandes" abandonos, por ejemplo, cuando uno o los dos padres no están, por las razones que sean, si murieron o se fueron. También aprendí que existen –y cuentan mucho– los "pequeños abandonos o rechazos", no porque sean pequeños, sino porque no son tan obvios. Así me di cuenta de que tenía una profunda herida. Esos pequeños abandonos se sienten cuando uno o dos padres no están conectados emocionalmente con el niño o la niña.

Si los padres no han resuelto sus propios traumas de infancia, actúan como niños cuidando a otros niños; tan desconectados de sus propias necesidades que son incapaces de cuidar y nutrir a sus hijos de la manera en que lo necesitan. Y no es que hayan sido malos o que no los hayan amado, simplemente no saben cómo hacerlo ni tienen con qué. Es importante decir esto porque algunas personas se sienten culpables y desleales cuando hablan de sus padres en estos términos.

No hay que culparlos, los padres hicieron lo que pudieron y supieron, hasta donde les fue posible. Como hijos, necesitamos abrir los ojos, dejar de idealizarlos, aceptar que no fueron perfectos —porque nadie lo es— y reconocer las carencias que nos causaron, con el único y muy importante fin de hacernos cargo de estas carencias, estos vacíos emocionales que tanto conflicto nos provocan ahora.

Todos padecemos este tipo de vacíos y, como hemos visto, buscamos en el exterior personas, situaciones o incluso sustancias con la expectativa de que nos hagan sentir bien, y cuando esto no sucede —como casi siempre—, nos domina este trance y sentimos que somos rechazados o abandonados. Aunque en la realidad éste no sea el caso.

Los adultos no son abandonados, alguien se va porque es lo que toca. Pero nosotros nos sentimos abandonados, rechazados, traicionados, heridos. Desde los ojos de nuestros niños interiores, eso es lo que pasa, ése es el trance, pero al madurar podemos entender que la vida no es permanente y todo se termina, de una manera u otra. Nada ni nadie es para siempre.

Tratar de comprender esto desde nuestra parte herida es imposible. Por eso es necesario conocer acerca de este trauma y todos los que he descrito. Para que cuando suceda podamos descubrir la herida, reconocer que ha sido detonada, que estamos en el trance y aprender poco a poco a salirnos de él. Des-identificarnos de la parte emocional infantil y cultivar la parte consciente, madura que nos permita regresar a nosotros.

Este trabajo necesita de mucha compasión, amor a nuestros niños interiores, aceptación de su dolor, de su vergüenza, de sus miedos. Cuando estemos en un trance, una vez reconocido, es muy importante practicar la autoempatía, dejar lo de afuera por un rato (sea otra persona o alguna situación) y enfocarnos en la emoción, el sentimiento que surge en nosotros aprendiendo a calmar la parte infantil herida.

A mí me ayuda mucho retirarme cuando es posible de la persona o la situación que detonó mi trance, salir a la naturaleza y caminar un rato, estando consciente de todo lo que pasa en mí. Si no es posible salir, al menos irme a un baño o cuarto aparte, sentarme un rato sola y respirar suavemente hasta que me sienta mejor. Escribir al respecto cuando tengo la oportunidad, pero sobre todo, nunca juzgarme ni regañarme, ni empezar a insultarme o sobajarme cuando me siento así.

Poco a poco he ido aprendiendo a contener esa parte herida, traumada, asustada, y volverme más asertiva con lo que haya que resolver o enfrentar. No lo olvides: son procesos que requieren mucha paciencia, mucha.

Para iniciar el recorrido hacia la recuperación, es necesario dejar de negar nuestra codependencia y asumir la responsabilidad de hacerle frente.
La mayoría de las personas cuando reconocen estos síntomas en sí mismos, pasan por un periodo de confusión y decepción penosa.
Esta parte dolorosa del proceso no es eterna, pero debemos superarla para encontrar la paz y la serenidad de una vida más sana.
Poco a poco todo se vuelve menos abrumador y confuso.
—Melody Beatty, *La nueva codependencia*

Síntomas de la codependencia de acuerdo con Pia Mellody:

- Dificultad para experimentar niveles apropiados de autoestima.
- Dificultad para establecer límites funcionales con las demás personas; es decir, para protegerse a sí mismos.

- ♡ Dificultad para asumir la propia realidad; es decir, para identificar quién se es, y cómo compartir con los demás.
- ♡ Dificultad para afrontar de un modo interdependiente las propias necesidades y deseos como adulto; es decir, para cuidar de sí mismo.
- ♡ Dificultad para experimentar la propia realidad con moderación, es decir, para ser apropiado con la edad y las diversas circunstancias.

¿ERES CODEPENDIENTE?

Con la historia de Carolina le daremos un vistazo a la codependencia:

La primera vez que fui consciente de que algo no andaba bien con mi salud emocional fue un día de agosto. Un amigo me llevó a casa en su auto, y en medio de la conversación, hizo un comentario que sentí personal y humillante.

No reclamé nada. Cuando me despedí me detuve un momento y me dije: "No otra vez, siento que me hundo nuevamente."

Ese simple comentario me llevó a una depresión por seis meses.

Y en esos seis meses no sólo me hundí en la depresión, sino que acabé la relación con este amigo. Aparte de eso, abandoné por completo al grupo de amigos que frecuentaba en la época. Simplemente me fui, sin darles la más mínima explicación.

Me aislé, los culpé y me sentí mejor, pero ya no podía ocultar la realidad. Entendí que algo estaba fallando en mí. Y era profundo. Esas depresiones no comenzaron con el evento de agosto, sufría de periodos de depresión cíclica, que habían comenzado un par de años antes.

Necesidades insatisfechas en mi relación de pareja estallaban en ciclos de tormenta emocional, con ráfagas de ira, súplica y demanda; para luego caer en depresiones por meses, y por último volver a levantar mi ánimo utilizando mis propias fuerzas.

Con estas dinámicas, mi cuerpo fue engordando, perdí vitalidad y comencé a cargar una gran pesadez emocional. Desarrollé una gran tensión en mi cuerpo con dolores musculares frecuentes, y caída de cabello. Iba constantemente a médicos buscando curas a dolencias inexistentes. En pocas palabras estaba somatizando dolencias a nivel emocional.

Vivía en mi mente. Con un juez interno. Racionalizando y juzgando todo en blancos y negros. Ideas obsesivas, compulsión, alivio y comenzaba el ciclo. No podía identificar emociones, a no ser que se desbordaran sin control. Periodos de aperturas en relaciones, falta de límites, conflictos y luego aislamiento.

En esa época yo no sabía que estaba viviendo mal. Había vivido mal toda mi vida, pues eso era lo normal para mí.

A través de los años, los altercados variaban de origen: conflictos de pareja, amistades, tensiones en la vida laboral y, por supuesto, la familia.

Dos meses después del comentario de agosto, ya instalada en una gran depresión, decidí hacer un viaje a Europa por una semana con mi pareja, esperando levantar mi ánimo. Siempre hacía ese gran esfuerzo para salir de la depresión cíclica, y lo lograba. Pero esta vez no lo hice.

Decidí hundirme en las aguas densas de la depresión, para indagar en recuerdos de mi historia familiar y de mi infancia, para compararlos con información que fui encontrando por internet. Y me dedique a buscar, como un detective, la razón de mi depresión, desconexión y emociones desordenadas.

Descubrí que venía de una familia disfuncional con dos cuidadores inmaduros a nivel emocional. Con un padre alcohólico, con rasgos narcisistas; y con una madre dependiente, neurótica y permisiva. Ambos nos utilizaban como objetos para satisfacer sus necesidades.

Entendí por qué dos de mis hermanas desarrollaron enfermedad emocional y mental en la adultez. Vi los patrones de los tipos de abuso que sufrí en mi niñez. Y comencé a identificar un gran dolor y tristeza en mí.

Observé con atención el perfil de mi papá mediante la lectura (soy muy buena para leer a los otros), y me encontré con el perfil de mi mamá, su contraparte, que en los libros llamaban codependiente. "¿Codependiente?, ¿qué es eso?"

Leí un par de artículos y por fin me sentí identificada. Pero nada más. Fue puro entendimiento intelectual. Lo que me llevó a mi primer grupo de Codependientes Anónimos fue una pelea que tuve con una de mis hermanas. Su enfermedad mental me estaba llevando al borde, y veía que la única opción que tenía era cortar la relación como lo hice con mis amigos de agosto. Igual, así manejaba mis relaciones: apertura, falta de límites, conflicto y aislamiento.

Pero el vínculo con mi hermana seguía siendo bastante cercano, y no podía hacer eso. No era una opción.

Entonces decidí buscar ayuda. Algo nuevo, pues nunca buscaba ayuda.

Llegué a la primera reunión de CODA (Codependientes Anónimos, grupos de autoayuda basados en el modelo de 12 pasos creado por AA) para documentarme y aprender de la enfermedad. Pero salí quebrantada. Fue la primera vez que me encontraba con personas que pensaban y sentían exactamente como yo.

Al ir leyendo poco a poco fui identificando patrones y entendiendo cómo funciona la enfermedad. Asimilaba todo lentamente, pues estaba sumida en una gran negación.

Participé en CODA por un año, fue un año de escuchar a otros y hacer catarsis. Hablé mucho. La mayoría de las veces hablaba de otras personas que generaban conflictos en mi vida; pero desde entonces aprendí a observarme. Al identificar el alcoholismo de mi papá también participé en Al Anon.

Y un giro del destino me sacó de los grupos de doce pasos. Me vi envuelta en un conflicto con una coordinadora de uno de los grupos y, como siempre, lo abandoné para sentirme mejor.

Identifiqué cómo he evitado la confrontación de problemas como un patrón. Entonces, esta vez hice algo diferente. Hablé y afronté la situación. Eso era algo nuevo.

Fue un primer choque que me despertaba a la realidad, pues en ese momento estaba sumida en la negación.

Al salir de los grupos, gané amistades invaluables que me acompañan hasta ahora en este camino de la recuperación. Aprendí por primera vez cómo funcionan las amistades íntimas.

Estas amistades me enseñan que este camino es imposible recorrerlo sola. Mi aislamiento, autosuficiencia y orgullo no me ayudan. Necesito nutrir relaciones saludables y amorosas conmigo y con otros.

Y a lo largo de estos meses tuve muchos despertares que sacudían mi gran negación. Tuve conflictos que me empujaban a abrirme a la realidad. Y ya no podía evitar el problema y aislarme, entonces cambié mis dinámicas para afrontar los problemas.

Llegué al gran reto, enfrentar la realidad de mi familia de origen. Ese último despertar fue el más duro.

Por una confesión de mi hermana, como el que arma un gran rompecabezas, me enteré de que no sólo el narcisismo, el alcoholismo y el abuso había sido parte de mi historia familiar. El gran secreto familiar era el incesto con complicidad de cuidadores. Y ahí lo entendí todo.

Después del primer choque y al enfrentar la situación con una carta familiar, decidí conscientemente alejarme de mi familia.

Pero esta vez lo hice de una manera diferente, pues no fue con la intención de seguir los mismos patrones de culpar a los otros y aislarme *para sentirme mejor; sino que por primera vez podía enfrentarme conmigo y ver claramente mi propia realidad. Había tocado fondo. Volví a sentir con todo el cuerpo.*

Y fui testigo de cómo mi codependencia compulsiva y neurosis salían a flote. Ya podía identificar a nivel consciente a la enfermedad en acción. Y salieron todas mis heridas represadas de infancia: dolor, ira, culpa, vergüenza y temor. En oleadas.

Vi por primera vez el trauma que me acompaña. Y mi desconexión emocional y corporal. Mi bloqueo.

Ahora llevo un año en terapia y el enfoque está en mi reconexión con mi cuerpo, que se encuentra en estado de shock. *O por lo menos así lo siento.*

Además de educarme con la lectura enfocada en codependencia, alcoholismo, incesto y neurosis; trabajo con meditación, ejercicios de respiración y movimiento corporal. Sigo los ejercicios de catarsis con amigos en ambientes seguros y en terapia. Y trabajo en nutrir mis relaciones actuales.

Todavía tengo un larguísimo camino que recorrer. Pero ya comienzo a tener una relación distinta conmigo, a nivel emocional y corporal. Y he descubierto que debo aprender a amarme. Estoy en el proceso.

Para conocer si tu forma de relacionarte es un poco –o muy– codependiente, responde las siguientes preguntas con "sí" o "no" de manera honesta. Nadie tiene que saberlo, lo relevante es que lo sepas tú. Si algo de esto te resuena, tienes una decisión importante que tomar. Más importante que lo que pasa afuera de ti, es lo que pasa en tu interior.

1. ¿Crees que provienes de un hogar disfuncional que no satisfizo tus necesidades primarias de amor, de afecto, de apoyo a lo que eras, sentías, percibías y hacías?

2. ¿Te sientes obligado/a a ayudar a otras personas, aun cuando éstas no te lo han pedido?

3. ¿Dices que sí cuando deseas decir no?

4. ¿Te sientes responsable por las acciones, los sentimientos, el bienestar de otras personas?

5. ¿Piensas acerca de tus problemas o los de la otra persona varias veces en el día?

6. ¿Frecuentemente te sientes triste, deprimido/a, irritable?

7. ¿Sientes que te falta confianza en ti, que tu autoestima es baja?

8. ¿Crees que si esa "otra persona" cambia su conducta, serás feliz?

9. ¿Haces a un lado tu vida, tus cosas, tus prioridades por correr al llamado de la otra persona?

10. ¿Tratas de controlar la vida, las personas, las situaciones y para ello utilizas estrategias tales como culpar, quejarte, castigar, rogar, etcétera?

11. ¿Permites que otros abusen de ti emocional o físicamente, o tú abusas de alguien emocional o físicamente?

12. ¿Te tragas lo que sientes porque te cuesta trabajo expresar tus emociones?

13. ¿Culpas a otras personas de las circunstancias de tu vida?

14. ¿Sobreproteges a la gente que quieres, al grado de mentir por ellos o resolver sus problemas?

15. ¿Es difícil relajarte y divertirte?

16. ¿Sientes que alguien te lastimó tanto que necesitas vengarte?

17. ¿Intentas compensar tus vacíos emocionales, tus necesidades insatisfechas proporcionando afecto e intentando arreglar la vida de tus parejas?
18. ¿Estás dispuesto a hacer "lo que sea" para que esa "persona significativa" no se vaya de tu vida?
19. ¿Cuando estás en una relación, te identificas más con el sueño romántico de lo que quieres que sea, que con lo que es en realidad?
20. ¿Al principio de una relación, idealizas a la persona para luego convertirla en la "mala de la película"?

Si estás de acuerdo con 1-5 afirmaciones

Si has respondido que sí al menos a una de estas afirmaciones, podemos hablar de conductas codependientes, aunque es justo decir que conservas mucho de lo que te define como un individuo que se atreve a tomar el riesgo de decidir su propia vida. Indaga un poco en ti, en lo que te hace perderte de ti y piensa cómo regresar a tu centro.

Si estás de acuerdo con 6-10 afirmaciones

Si te identificas con al menos seis de estas afirmaciones, es posible que debas trabajar un poco en enfocarte más en ti y en tus metas y planes, sin por ello restar importancia a tu relación de pareja. Busca ayuda leyendo libros sobre el tema, quizá acudiendo a talleres y grupos que traten temas de codependencia.

Si estás de acuerdo con 11-15 afirmaciones

En este rango nos enfrentamos con un problema más serio de conductas codependientes. Es urgente analizar dónde y cómo te pierdes en la otra persona, incluso buscar ayuda profesional para revisar estos puntos ciegos de tu forma de relacionarte.

Si estás de acuerdo con 16-20 afirmaciones

Tu forma de relacionarte es altamente codependiente, pareciera que has perdido el rumbo de tu vida y has permitido que tus vacíos emocionales, tus insatisfacciones y tus frustraciones te gobiernen al grado de dejarla a un lado para hacer lo que sea con tal de tener a esa "persona ideal" que, según tus creencias, "arreglará tu vida".

¡¡Urgente!! Busca ayuda y terapia profesional.

Siempre es más. Siempre es poco.
Lo que necesitas, y debes entenderlo definitivamente,
el otro no lo tiene.
No es que no quiera dártelo.
Es que no lo tiene.
Viven como si cada uno fuese dueño de un bien,
que el otro reclama.
Creen que si les diera lo que pretenden podrían ser felices.
Y el otro no lo da, no porque sea un miserable, sino simplemente
porque no lo tiene.
Pudieron amarse porque creían que el otro lo tenía y era cuestión
de esperar y no impacientarse.
Pero pasó el tiempo y como eso no llegó se sintieron estafados.

Y en realidad el otro ni lo tuvo, ni lo tiene, ni podrá tenerlo jamás,
porque es lo que tú necesitas y no lo que él tiene,
ésa es la diferencia.
Pero el abismo entre lo que uno reclama y lo que uno recibe
se llena con el amor.
Es cuando el sentimiento se resiente, que el vacío se agranda
y la decepción llega.
El amor, ese gran imaginario, vive de símbolos y se frustra en lo real.
Ésa es la tragedia.

—Anónimo

CAPÍTULO 3

Las raíces de la codependencia: vergüenza y culpa

Una sensación sana de nuestro ser puede hacer una profunda diferencia
en cómo nos sentimos y funcionamos. La autoestima es nuestra
sensación básica de valor. Es el grado en el cual nos gustamos y nos
respetamos, la sensación de valía, un sentimiento de bienestar básico
acerca de nosotros. Una autoestima baja puede significar constantes
dudas acerca de nosotros, autocrítica, ansiedad social y aislamiento,
ira reprimida, soledad y mucha vergüenza. Nuestra autoestima se
desarrolla durante la infancia y ciertas experiencias pueden interferir
con su desarrollo, por ejemplo: ser sujeto a críticas o abuso (en todas
su formas) de parte de padres y cuidadores; tener conflictos con
compañeros a edad temprana; ser estigmatizado por apariencias
o conductas fuera de lo común o por nuestra raza, clase o identidad
social; por perdernos de experiencias que hubieran nutrido un sentido
de confianza y propósito o por no recibir reforzamiento positivo por
nuestros logros, por alguna discapacidad de aprendizaje o física.

—A. H. Almaas

MI HISTORIA DE VERGÜENZA

A lo largo de mi vida adulta he tenido una imagen recurrente que, confieso, me angustió mucho durante largos años: mi hija y yo, paradas de espaldas y tomadas de la mano, en esta imagen ella tiene como seis años y yo veintiocho. Estamos paradas ante algo que parece una escena donde hay muchas personas disfrutando, gozando la vida, mientras nosotras somos dos figuras congeladas, pasmadas, observando lo que sucede enfrente de nosotras. Puedo percibir en mí mucho miedo, vergüenza, una profunda sensación de no pertenecer, de ser inadecuada, no suficiente para ser parte de este grupo de personas que, desde mi visión, se la están pasando bien.

A esta edad ya estaba divorciada, elegí divorciarme porque desde el inicio me casé por todas las razones equivocadas, entre ellas el que me embaracé. Tuve que dejar la universidad y mudarme a Arizona, donde mi ex trabajaba para el gobierno de México. No fue una mala época, tuvo muchas cosas lindas, como el nacimiento de mi hija, que, aunque me aterraba por mi edad y por estar lejos de mi madre, de mi suegra, de personas mayores que pudieran ayudarme, fue quizá lo mejor de ese matrimonio.

Y con el tiempo tuvimos amigos, amigas que, de una forma u otra, me echaron la mano. Éramos muy jóvenes, tanto mi ex como yo, no teníamos idea de nada, ambos veníamos de hogares disfuncionales, de historias rotas, intentábamos llevarla bien, pero cuando nació Ligia, ahora Dassana, los dos nos aterramos. En mí era obvio, él intentaba ser más fuerte, pero tampoco tenía idea de lo que hacía. De hecho, era bastante violento en sus formas de educar a Ligia.

Regresaré a mi imagen. Ésta fue como el preámbulo de todo lo que venía. Desde mi divorcio me hice consciente de esa sensación de no pertenencia que llevaba dentro de mí desde muy pequeña. En mi primer libro traté lo importante que el abuelo, padre de mi madre, fue para nosotros. Era el patriarca de todos, figura importante en aquellos años en la pequeña comunidad de Villahermosa, donde todos se conocían y todos sabían la vida de los demás. Nunca fui muy querida por él y lo supe siempre. Mi padre fue la oveja negra de esa familia, quizá a sus ojos, una mala adquisición de mi madre. Y no es que mi padre ayudara en esto, sus conductas no eran muy "dignas" y menos ante los ojos de este abuelo, quien se vanagloriaba de tener una vida "rectilínea".

Crecí percibiendo ese rechazo colectivo hacia mi padre. Ahora entiendo que era una persona muy avergonzada desde niño, que a partir de esa vergüenza hizo cosas estúpidas que perpetuaban la sensación de ser menos que los otros. Él nunca se hizo cargo de esto, no eran tiempos en los que se manejaba este tipo de información y cometió terribles errores intentando "pertenecer" a esa sociedad tan exigente y crítica. Siempre quiso demostrar que era mejor que otros o, al menos, lo suficientemente bueno para pertenecer a la familia de mi madre. Ser parte de la "alcurnia".

Al leer *Volver a la niñez* de John Bradshaw, encontré un fragmento donde el autor habla de su vergüenza, pasaje que me pareció una copia al carbón de mi historia:

Mi padre no tenía límites, estaba avergonzado hasta lo más profundo de su ser. Una persona recurrentemente avergonzada cree que nada en ella está bien. Actuar con base en la vergüenza es no tener límites, lo que nos predispone a la adicción. Mi padre era adicto en muchas formas: no podía decir no, cuando tuve la suficiente edad, seguí su ejemplo.

Mi madre estaba comprometida con el deber. Era una mujer re-
signada, buena esposa y buena madre. El problema con el deber es
que es rígido, prejuicioso y perfeccionista. Agradezco a Dios haberme
proporcionado a mi madre porque no habría sobrevivido sin su sentido
del deber. Reprimir es mejor que soltar cuando de criar niños se trata.
Sin embargo, la moralidad perfeccionista, que va de la mano con el
deber, crea niños cuya actitud está basada en la vergüenza.

Estar comprometido con el deber es sentir que no se tiene derecho
a gozar. La persona comprometida con el deber odia la alegría porque
practicar aquello que disfruta le produce una sensación de culpa.

Cuando los padres no asumen su vergüenza, cuando no la trabajan, los hijos la toman. Lo tengo claro, yo adopté la de mi padre,
quizá desde mi amor hacia él, desde esta parte generosa que con-
tribuyó a volverme una rescatadora. Supongo que quise ayudarlo
con su carga y absorbí muchas de sus culpas, su sensación de
vergüenza, sus miedos y sus formas de lidiar con sus emociones
y la vida en general.

De pronto, me volví la oveja negra y la atención de todos se
volcó en mí. Después de años de trabajo personal he comprendido
que uno de mis dolores más grandes de esos años es que mi padre
no entendió mi lealtad hacia él y se volvió violento en sus formas
de educarme. Hoy me parece que él veía en mí mucho de lo que
odiaba de su persona, entre esas actitudes, el que yo estuviera
pasada de peso. Me regañaba por ello, me hacía sentir mal por no
estar delgada, cuando él siempre luchó con su sobrepeso.

Recuerdo algunas escenas en las que yo estaba preparándome
algo de comer en la cocina y, al verme, se enojaba y me decía cosas
que me llenaban de vergüenza por mi aparente falta de disciplina.
Este pequeño sobrepeso, ahora me doy cuenta cuando veo fotos

de entonces, sucedió a los doce años, cuando seguramente sufrí cambios hormonales, cambios del cuerpo, la llegada de la menstruación, pero, para mis padres y mis tías, fue un desastre. Era la única gordita en la familia de mi madre, todos me decían qué comer, qué hacer y luego me regañaban por no hacerlo.

A esa edad me enviaron a la Ciudad de México durante toda una semana para que me realizaran todo tipo de pruebas físicas y psicológicas, incluso me mandaron con un psiquiatra para ver qué me sucedía. No creo haber subido más de tres, quizá cuatro kilos entonces, pero se comportaban como si de pronto me hubiera convertido en un monstruo. Mis padres se avergonzaban de mí, esto era terrible para mi pobre autoestima, si ellos, que eran mis padres, me veían como algo tan defectuoso, de seguro lo era. Y empecé a identificarme con esa persona que ellos veían.

Recuerdo años durante los cuales lloraba cada vez que iba a una fiesta, antes de vestirme para la cena de Navidad o Año Nuevo, porque siempre me compraba algo de una talla menor un mes antes, para, según yo, forzarme a bajar de peso y entrar en ese vestido. Nunca lo logré. Al llegar el día, creo que incluso había engordado más y esto me hacía sentirme terrible, me enojaba conmigo, me atacaba. Aunque mi madre y mis tías cooperaban en hacerme sentir mal con sus bienintencionados comentarios, llegó un momento que ya no las necesitaba para sentirme miserable. Había aprendido a hacerlo sola: me decía todo tipo de cosas, me comparaba con mi hermana, mis primas, mis amigas y me hacía sentir aún peor.

Así pasé mi adolescencia: entre dietas, doctores, psicólogos – que, lamento decirlo, nunca me ayudaron mucho– críticas, consejos de las tías que, por alguna razón, tomaron mis kilos extra como una ofensa personal. No sé si esto lo empecé a proyectar de tal manera que todo mundo se empezó a fijar. Recuerdo una vez, quizá a mis dieciséis años, iba caminando en la acera de una calle del centro de Villahermosa, donde había un famoso café, en el cual se sentaban los chicos guapos, los "grandes". Iba sola y, de pronto, uno de ellos se me acercó y me dijo: "Chata, si bajas cinco kilos me caso contigo".

Un día que estábamos todo el grupo jugando boliche, otro de mis mejores amigos se sentó a mi lado y en secreto me dijo: "De verdad que si bajas cinco kilos vas a estar buenísima." Esto era muy frecuente: si bajas, si bajas, si bajas. Me lo decían en la familia, en la escuela, mis amigas que "querían ayudarme", pero lo curioso es que muchas de ellas también tenían unos kilos extra y nadie les decía nada, de hecho, creo que ni les importaba. En muchas fiestas yo veía a otras chicas con un sobrepeso ligero, muy similar al mío, bailando con chicos guapos y muy felices. ¿Entonces por qué tomó tanta importancia para mí –y para toda la gente a mi alrededor– el que yo bajara cinco kilos?

Ahora me parece que, por una parte, mi familia materna era obsesiva con el peso y la figura perfecta. Y, por la otra, mi padre había sido avergonzado por su propia madre acerca de este aspecto. Claro, mi abuela también tenía sobrepeso y yo fui quien heredó esa característica de ella. El problema nunca fue el sobrepeso que, insisto, no era para tanto. El verdadero problema fue que empecé a sentirme que no encajaba en la idea de lo que tendría que ser. Era tan fuerte la presión de todos y de mí misma, que este asunto se volvió medular en mi vida. No importaba que fuera bonita, que hubiera otros aspectos de mí en los que sobresalía, que tuviera cualidades y dones. Todo pasaba a segundo plano: sí, eres muy buena en esto, pero tienes que adelgazar. Sí, le gustas a fulanito, pero mira, tienes que bajar de peso para que le gustes a sutanito.

Nadas muy bien, pero podrías verte mucho mejor si adelgazaras. En retrospectiva, nada de lo que hiciera era importante aunque fuera bueno, si no adelgazaba, todo perdía su valor.

Recuerdo que mi padre intentó apoyarme unas pocas veces. Se sentaba conmigo y usaba todo tipo de discursos motivacionales, alababa mis dotes de oradora, de líder, de nadadora y siempre terminaba con: "Pero tienes que bajar de peso, Chatita." Entonces, nada era tan bueno, a menos que bajara de peso. Como no lo logré, durante toda la adolescencia me sentí que nada de lo que era servía. Desde esta vergüenza, empecé a identificarme con la imagen de alguien mal hecho, defectuoso, así me convertí en la parte avergonzada, defectuosa y mal hecha. Y así me comporté.

Como la imagen del inicio de este capítulo, ésa era la idea que tenía de mí, en eso me había convertido y estaba segura de que lo era. Encima de todo, había decepcionado a mis padres y había truncado mi carrera cuando me embaracé. En esos años me sometía a dietas locas, tomaba pastillas y lograba bajar, para luego subir de nuevo, por lo cual me atacaba, me castigaba y me trataba como si fuera alguien despreciable.

No sólo era la comida, también era el alcohol y el cigarro. Viendo hacia atrás, identifico claramente el círculo vicioso en el que estaba atrapada: una profunda vergüenza de lo que era, muchas culpas por todos los errores cometidos —en mi familia materna tampoco eran muy amables con los errores, la obsesión por la perfección era otra de nuestras carguitas familiares— y un miedo de nunca obtener lo que necesitaba, lo que quería para mí y para mi hija.

Pasaron muchos años de relaciones tóxicas, de lucha por encajar en diferentes grupos, en algún sitio de la sociedad, de trabajar en diferentes lugares, de sesiones terapéuticas, con grupos de doce pasos, de retiros, de meditación para reconciliarme poco a poco conmigo y aprender a apreciar lo que sí soy, lo que sí tengo, lo que sí hago bien y hasta lo que no hago tan bien.

Quizá lo más difícil ha sido perdonarme por los errores cometidos, sobre todo en mi rol de madre. Perdonarme por toda la inconsciencia que nos causó a mí y a mi hija aquel drama y tanto sufrimiento. Desde tanta carencia y tanto asunto sin resolver en mí, hice lo que pude y, por fortuna, la vida me dio nuevas oportunidades para salir de esos agujeros y construir una vida más digna, más plena, más llena de amor para mí y para los demás.

Hace unos meses, un muy querido amigo me preguntó qué me diría si pudiera ir al pasado y hablar con mi yo de veinte años, aquí mi respuesta:

No le diría nada acerca de las cosas que están por pasar ni las que vienen después. En un año, ella va a embarazarse, tendrá que dejar la universidad, casarse con alguien a quien no amará realmente y mudarse a los Estados Unidos. Todos los sueños que tiene acerca de su vida ahora, lo que cree que pasará, sus ilusiones, sus creencias de cómo su vida se irá desenvolviendo, sus planes de viajar por todo el mundo, quizá convertirse en una reportera y cambiar el mundo, no serán realidad. No de la forma en que ella piensa. Tendrá que enfrentar problemas, dificultades, situaciones dolorosas, sobre todo el gran reto de convertirse en madre.

Pero todo esto que ella vivirá es lo que me ha convertido hoy en la mujer que soy, aun con todos mis defectos y los errores cometidos, con mis dudas y miedos, no quisiera ser diferente. Amo lo que soy hoy. Lo que sí haría es abrazar a esa Aura de veinte años con todo mi corazón y decirle: "No importa lo que suceda, no importa qué tan oscura parezca la vida algunas veces, qué tan perdida y asustada te sientas en ocasiones, los desencuentros con el amor, las desilusiones y desesperanzas.

Todo estará bien. Confía en ti, confía en Dios, en la existencia. Todo estará bien. Te espero del otro lado de este río que estás por cruzar. Y sabe que tienes todo lo que necesitas en esta jornada que te espera." La besaría y regresaría al momento presente.

ENTENDIENDO LA VERGÜENZA Y LA CULPA

Justo cuando empecé a escribir este capítulo regresaba de un taller del Learning Love Institute, con Krish y Amana Trobe, los héroes de este libro. El taller fue "Sanando nuestra vergüenza y culpa". Todo lo que estuve escribiendo sobre mi vida lo recordé durante las dinámicas del taller. Pasé un par de noches escribiendo hasta muy tarde, encontrándome con esa época de adolescencia y permitiéndome sentir el profundo dolor de haber vivido una buena parte de mi vida tan avergonzada de lo que era y de lo que me hicieron pensar que era. También viví el enojo, la ira de no ser apoyada en mis dones y en cómo enfrentar las situaciones difíciles y esos aspectos que no me agradan tanto de mí.

Sin embargo, reconozco que mis padres no pudieron hacer más. Como todos los padres del mundo –como yo incluso– no podemos dar lo que no tenemos. Y mis padres eran seres tan avergonzados como yo, como la mayoría. Simplemente no lo sabían y desde ese trance de vergüenza, hicieron lo que creían que era lo mejor para la educación de sus hijos. Ya lo dije antes, cuando los padres no trabajan con su vergüenza, sus culpas, sus miedos, estos se perpetúan como un virus en los hijos, estos se infectan con las vergüenzas de los padres.

Una de las grandes infecciones que llevamos cargando en el inconsciente es lo que llamamos vergüenza y culpa:

♡ Vergüenza es la sensación interna de nunca ser suficiente. Es una sensación interna de no saber quién eres. No hay un punto de referencia interno.

♡ Culpa es la sensación de que lo que haces está mal hecho. Es el resultado de juzgarte. La culpa es por lo que haces y va de la mano de la vergüenza de ser como eres.

La culpa dice: "He hecho algo malo."
La vergüenza dice: "Hay algo mal conmigo, con lo que soy."
La culpa dice: "He cometido un error."
La vergüenza dice: "Yo soy un error."
La culpa dice: "Lo que hice no fue bueno."
La vergüenza dice: "Yo no soy bueno/a."
—John Bradshaw

Cuando hacemos consciente la culpa, sentimos el deseo de reparar algo, de corregir los errores cometidos, de sanar una herida infringida. Al observar la vergüenza, descubrimos sentimientos dolorosos de depresión, de aislamiento, de duda de uno mismo, soledad, separación, paranoia, desórdenes compulsivos, perfeccionismo, sentimientos de inferioridad, de ser inadecuados, de fracaso, impotencia, desesperanza, narcisismo.

La vergüenza es una enfermedad del alma. Es la experiencia más venenosa del ser por el ser, ya sea sentida por humillación, por cobardía, o una sensación de fracaso al intentar lidiar de forma exitosa con un reto. La vergüenza es una herida que se siente desde adentro, que nos divide interna y externamente.

Cuando a mí me toma la vergüenza, ni siquiera puedo sentirme. No siento las cosas positivas de mi ser, es más, no siento nada. Es como si me encogiera, como si quisiera desaparecer y que la tierra me tragara. Cuando estamos dentro de la energía de la vergüenza, todo es un gran esfuerzo, nada tiene sentido. ¿Puedes imaginar cómo se ve el mundo desde esta perspectiva, desde este trance cegador?

Recorramos juntos este modelo sobre la vergüenza y la culpa, del Learning Love Institute, para entender un poco, con mente abierta y objetiva, qué son estos traumas que aplastan nuestra energía, nuestra esperanza, nuestra alegría de vivir y el gozo de relacionarnos y estar vivos. Ese virus que nos infecta, apagando nuestra creatividad, afectando nuestra sexualidad, y nos aprisiona cada vez más en esa "cajita" de la que una parte de nosotros, esa parte sabia, nuestra *esencia*, nos invita a salir para descubrir todas nuestras posibilidades y reconocer el maravilloso ser que cada uno encarna.

Cuando nacemos, lo hacemos en total apertura, gozo, fluidez con nuestra energía, nuestras emociones, estamos en contacto con lo que sentimos. Esto es lo que conocemos como la esencia: todas las cualidades con las que nacemos. Necesitamos recordar que un niño es, pero no sabe que es, no tiene la conciencia para darse cuenta de su propio ser. Aún no. Y esta identidad será construida por medio de la mirada de las personas de afuera, siendo los ojos de los padres los más importantes. Lo malo es cuando esas miradas son de desaprobación, de juicio y de crítica.

Si eres una niña y tu madre no ha resuelto su ser mujer, quizá el verte le mueva muchas cosas de manera inconsciente, por ejemplo que en su familia a los niños se les daban más derechos, más oportunidades, más privilegios que a las niñas, y eso le hizo creer que los hombres son mejores que las mujeres. Pueden ser tantas cosas, padres enojados, frustrados, con miedo ante la paternidad, miradas ausentes. Estos son los espejos donde el niño se ve por vez primera. Si los espejos no están limpios, claros, el niño se ve de la forma distorsionada que los padres le reflejan.

Y luego serán otros espejos: familia, maestros, compañeros, etcétera. Por todo esto el niño se desconecta de su esencia, no encuentra su sustancia, no ve sus dones, sus cualidades, sólo aquello que recibió del mundo externo y se identifica con él.

Imaginemos a ese pequeño en una edad de total vulnerabilidad y, por lo mismo, sin conciencia real de lo que es. No hay forma de que se defienda y que piense: "No, yo estoy bien, son ellos los que están bastante dañaditos."

La vergüenza es la experiencia de no estar en contacto con nuestros dones y nuestro propósito de vida. Es un profundo sentimiento de desconexión de la existencia, de no saber quiénes somos y lo que tenemos para contribuir en este universo.
Como una gran crisis de identidad.
—Krish y Amana Trobe

Podemos usar la metáfora de un árbol. La semilla tiene en sí misma las características, las cualidades únicas de ese árbol. Ese árbol será siempre lo que es, si es un olmo, será un olmo, no importa dónde crezca, cómo lo cuiden, su esencia es ser olmo. Los padres y otros cuidadores son como los jardineros: de alguna forma definirán si ese árbol crece en todo su potencial o no. Hay padres que lo dejan en una tierra estéril o le ponen demasiada agua, o le cortan las ramas todo el tiempo evitando que crezcan y florezcan, y no sólo los padres, toda la sociedad también influirá.

¿Qué tal que a esos padres no les gustan los olmos? Quizá la madre sueña con un rosal y el padre con una palmera. Ambos intentarán hacer de su hijo lo que cada uno quiere y cuando se den cuenta de que es imposible, lo avergonzarán de mil maneras por no ser lo que ellos quieren que sea. Y el pobre olmo se pasará su existencia intentando complacer a sus padres, y más tarde a otros seres humanos, incluso tratando de disfrazarse de palmera o colocándose rosas artificiales para parecer un rosal y hacer feliz a mamá.

Todo esto crea una tremenda vergüenza y culpa en el niño, quien a partir de ahora nunca se sentirá suficientemente bueno. Así estamos todos. Con una profunda sensación de no pertenecer a ningún lado. Y por este espacio de vergüenza, nos escondemos, porque queremos probarnos y a los demás, que estamos bien, siempre queriendo entrar en un vestido o traje que no es de nuestra talla.

Perdemos confianza en nosotros, nos vemos como seres defectuosos, no suficientes, inadecuados, y nuestra referencia se vuelve el mundo exterior. Buscamos reafirmación y aprobación para saber si lo que somos o hacemos está bien o mal, en total desconexión con lo que está bien o mal para nosotros.

Normalmente, cuando estamos en este estado de vergüenza, tratamos de huir de él y esconderlo, compensarlo tomando máscaras y roles que nos hagan sentir mejor con nosotros. Y de esta pretensión de ser algo que no somos, de estar tan alejados de nuestra verdadera naturaleza, nuestras vidas se vuelven un caos.

Nos presionamos a cumplir estándares muy altos, hacemos lo posible por impresionar a los demás, nos volvemos narcisistas, enfocados en nosotros y queriendo llamar la atención, o nos aislamos, nos escondemos del mundo y dejamos de compartir nuestros dones y maravillosas cualidades. Evitamos riesgos y nos encerramos más en la cajita, donde, al menos, aunque apretados, nos sentimos seguros. Atraemos personas que nos rechazan o se comportan de manera abusiva.

Desde la vergüenza, la actitud es "si tú me quisieras, me sentiría bien, pero si me quieres, te rechazo porque para que me quieras, debes estar más dañado que yo". Esto lo conozco bien, por años me sentí atraída por hombres que, por la razón que fuera, no estaban disponibles emocionalmente para mí. Eran como un gran imán: pensar que si lograba interesarlos en mí, entonces sí valía como mujer y como persona. En cambio, a quienes sí estaban interesados y lo mostraban, los rechazaba categóricamente; su interés en mí me hacía verlos menos que yo, me encantaba rechazarlos y hacerlos sentir mal. Una de las fuertes lecciones de mi camino de aprendizaje fue darme cuenta de que mientras no fui consciente de mi profunda vergüenza, ni me permití sentirla y trabajar con ella, avergonzar a otros era una acción automática.

Ahora te comparto la historia de Ofelia:

Solía hacer terribles elecciones cuando se trataba de hombres, siempre terminaba en relaciones y situaciones en las que me sentía triste, miserable, insegura, infeliz y solitaria.

Constantemente aceptaba migajas de tiempo, atención y amor, lo poquito que me quisieran dar, al menos era algo. Conformarme con el dolor y el sufrimiento era mi patrón. Soporté terribles traiciones, toneladas de drama, muchas noches sin dormir y abuso sin límites. Mucha locura. ¿Por qué lo permití?

Por mi sensación de ser menos que los demás, de no merecer amor ni relaciones felices. Estaba hambrienta de amor y validación, sentimientos que nunca tuve en mi familia o cuando crecí.

Me volví adicta al drama, esa montaña rusa emocional. Ignoraba que se podía estar sin tanto dolor. Dentro de mí, en algún oscuro espacio, creía que eso era todo lo que merecía. Porque sentirme horrible –no importante– era lo que conocía desde mis primeras memorias de la infancia, sí, justo allí comenzó esta historia. No recuerdo haber recibido amor, protección, apoyo, esas cosas que cualquier ser humano necesita para desarrollar una autoestima sana y como resultado carecía de:

- ♡ *Valor propio*
- ♡ *Poder personal*
- ♡ *Amor a mí*
- ♡ *Respeto*
- ♡ *Límites sanos*
- ♡ *Confianza en mí*
- ♡ *Herramientas para relacionarme sanamente*
- ♡ *Protegerme.*

Así es de profundo y tóxico el virus de la vergüenza, va infectando todos los aspectos de nuestras vidas: lo sexual, lo emocional, la creatividad, nuestra forma de relacionarnos y expresarnos en el mundo, nuestra capacidad de generar ingresos que nos permitan vivir de manera digna. Y hagamos lo que hagamos siempre escucharemos esas voces negativas que nos dicen que no vamos a lograrlo, que no obtendremos lo que necesitamos y que más nos vale aceptar estas migajas porque, ¿qué tal si no recibimos nada más? Desde la vergüenza no somos nada o somos mucho. No nos vemos como simples mortales con limitaciones humanas.

Asimismo, tenemos la culpa negativa, esa sensación incómoda que surge cuando decidimos hacer algo que va en contra de los condicionamientos familiares, sociales, religiosos. Esa voz rasposa que nos dice: "Si haces esto, nadie va a quererte, te rechazarán, se burlarán de ti."

Por supuesto, si hacemos algo en contra de nuestros verdaderos valores, de nuestra sabiduría, sentiremos culpa, pero esta culpa es algo diferente porque nos invita a revisar nuestras conductas y nuestros actos. Es importante reconocerla, ya que es una forma de nuestro inconsciente sabio de hacernos saber que lo que hacemos no va de acuerdo con lo que valoramos. Esta culpa se conoce como culpa positiva o de apoyo.

La otra, la tóxica, es la que nos lacera, nos castiga, nos aplasta para que no nos atrevamos a salir de la jaula de los condicionamientos en la que estamos encerrados. Pero, cuidado, porque si no estamos dispuestos a pagar el precio por romper las cadenas, nos convertiremos en robots controlados por otros.

La buena noticia es que nuestra energía vital siempre nos jalará hacia la libertad. Esta fuerza interior −la energía de vida−, que sin importar cuánto nos hayan avergonzado, cuánto nos hayan aplastado y encerrado, sigue allí. Sí, tal vez un poco o muy bloqueada, pero como césped debajo de una placa de concreto, sigue creciendo.

Imagina esta energía como un poderoso río al que bloquearon con troncos y grandes piedras, quizá salió un poco de cauce, quizá se estancó en algunas áreas, quizá la corriente no se mueve tanto por todo lo que la obstruye, ahora tu trabajo es quitar todos los obstáculos para restituir la corriente. Lo maravilloso de esta energía es que, al quitar lo que la atora, va tomando su lugar y su cauce. Es inteligente y siempre intenta movernos, luchar contra los condicionamientos y los miedos que nos atoran.

¡A SENTIR!

Puedo hablar por horas de la vergüenza y de la culpa, describirla, contar historias sobre ellas, pero lo importante es entender cómo la escondemos y permitirnos sentirla, lo cual es bastante incómodo, pero necesario si queremos sanarla. Por esto, en mis talleres escucho a personas contando la cantidad de cursos que han tomado, los libros que han leído, los años de terapia, pero siguen atorados en los mismos patrones dañinos.

En mi propia experiencia, con años de trabajo y de procesos de diferentes escuelas, cada vez me queda más claro lo importante para la recuperación que es el permitirnos sentir. Una de las características de las familias disfuncionales y que, realmente, enferma a sus miembros es que en ellas está prohibido *sentir*. Tampoco se permite hablar acerca de lo que se siente. El niño tiene que buscar formas de reprimir la expresión de las emociones, llegando a un punto en el que se desconecta de sus sentimientos y sus necesidades, incluso, se siente avergonzado de tenerlas.

La sociedad ha dividido las emociones y los sentimientos en negativos y positivos. Y sabemos que nadie quiere lidiar con los negativos. Déjame decirte que NO hay sentimientos o emociones negativas, todos son indicadores, son guías que cuidan nuestras necesidades básicas. Cuando descuidamos alguna de nuestras necesidades, surgen emociones y sentimientos que nos lo hacen saber. La ira nos impulsa a defendernos, es la que nos ayuda a poner límites afuera, nos ayuda a poner los pies en la tierra y luchar por nuestros derechos. El miedo nos avisa de un peligro posible, es como una señal de alerta que emite el cuerpo para ponerse a salvo. La tristeza produce el llanto, cuya función es limpiar el dolor y aligerar el corazón cuando se expresa en su totalidad. Si no lloramos, si no nos permitimos sentir tristeza, los asuntos que duelen se quedan atorados en nosotros. Esos son los ciclos sin cerrar.

En mi familia no todas las emociones estaban prohibidas, podíamos sentirnos felices; a veces y dependiendo la ocasión, tener miedo, pero la ira, aunque fuese justa, el dolor o el sufrimiento no eran muy bien vistos, si sentía envidia o me mostraba egoísta, o muy entusiasta con algo, el juicio y la crítica no se hacían esperar. No había una guía sobre cómo regular y aprender de las emociones. Éramos y aún somos muy ignorantes en estos temas. Crecí con la etiqueta de ser demasiado emocional, mi madre siempre me decía que yo era muy dramática. Y posiblemente así era pues mi temperamento es emocional. Sin embargo, crecí en una familia donde mi madre era más como un témpano de hielo y mi padre un constante explosivo emocional, por lo que no entendía cómo debía comportarme. Nadie me enseñó a manejar mis emociones, a regularlas. Y entre más criticaban mi temperamento emocional, más me avergonzaba de sentir y más intentaba esconderlas con un resultado desastroso.

No importa qué tanto nos repriman, las emociones son energía, necesitan moverse y ser expresadas. Aun ante la más severa represión, encontramos formas de sacarlas y lo hacemos mediante conductas no muy funcionales, hacia el exterior o el interior.

Hacia afuera, puede ser reproducir el trauma de infancia en nuestras vidas. Es muy común que cuando fuimos víctimas de abuso de parte de nuestros padres, en nuestras relaciones de adultos caigamos en los roles de víctimas. Hay muchos hombres violentos, controladores, que aprendieron esta conducta de la forma en que sus padres trataban a sus madres. Y aunque cuando eran niños estas escenas de violencia los llenaban de terror, su forma de lidiar con tanto miedo y enojo es convirtiéndose en copias de sus padres al crecer. En mis grupos me ha tocado escuchar a muchas personas que, al hablar de sus padres, se lamentan de una serie de reglas demasiado estrictas y muchas veces las repiten con sus hijos, o la otra reacción es no poner ninguna regla ante el miedo de volverse como sus padres.

La representación interior de nuestros sentimientos reprimidos es el autocastigo: actuar de la misma forma en que nuestros padres lo hicieron. Nos criticamos, juzgamos, comparamos, tal y como lo hicieron con nosotros. Es común ver personas a las que no se les permitió expresar su ira de pequeños, encauzando toda esa energía en su contra. La ira, como dije, es una energía muy poderosa que ayuda a protegernos del exterior, delimitando el espacio de los invasores. Sin embargo, si no se expresa hacia afuera cuando somos niños, aprendemos a dirigirla contra nosotros. Esto crea depresiones profundas, incapacidades para afrontar la vida y para crear relaciones sanas y una autoimagen deplorable.

Esa energía de emociones reprimidas, cuando no fluye adecuadamente hacia afuera, causa mucho daño a la persona: enfermedades físicas, dolores crónicos, tensiones musculares y otras dolencias. Ser proclive a los accidentes también es una forma de castigarnos.

Es de gran importancia para nuestra sanación de la codependencia y, por supuesto, de la vergüenza, entender a profundidad lo necesario que es un trabajo de desbloqueo emocional. Entre más temprano fueron inhibidas las emociones en nuestra vida, más profundo es el daño. Para sanar y liberar esas emociones que fueron avergonzadas, necesitamos buscar apoyo y confiar en el proceso. Esto es, en mi experiencia, uno de los pasos más importantes hacia la liberación.

CAUSAS DE LA VERGÜENZA

No es fácil entender que podemos tener heridas y traumas asociados a la vergüenza y las culpas tóxicas. Es importante reconocerlo y dejar a un lado la fantasía de que tuvimos una infancia perfecta, que nuestros padres fueron perfectos. No se trata de armar una cacería de brujas en contra de ellos, yo soy madre y cuando empecé a entrenarme en este trabajo moría de angustia de reconocer todas las formas en que pasé mi vergüenza a mi única hija y cómo la infecté con culpas y "deberías". No se trata de culpar a los padres, sino de saber que muchas de las cosas que hicieron causaron daño en nuestra tierna autoestima y que, debido a esto, experimentamos dificultades en diferentes áreas de nuestras vidas. Sólo así podemos emprender el camino de la sanación.

Dejemos a un lado a los padres, agradezcamos lo que nos dieron y responsabilicémonos por nuestra vida a partir de ahora. Para entender mejor la situación, regresemos al modelo del Learning Love Institute y analicemos las causas de la vergüenza en la infancia:

♡ **Humillación.** Es una de las causas más comunes de nuestra vergüenza. Todas las formas en que fuimos humillados de niños y de adolescentes. Los padres olvidan –o no se dan cuenta por su propia historia– que los hijos necesitan ser respetados como cualquier ser humano. Si los humillan, crearán una identidad de alguien que no merece respeto, y esto es lo que invitarán a su vida.

♡ **Presión, expectativas y comparaciones**. Son formas utilizadas por padres, cuidadores, maestros y otras figuras de autoridad para obligar al niño a ser o hacer algo diferente. Proviene de los traumas de los adultos, quienes experimentaron algo similar y lo recrean con sus hijos, alumnos, etcétera. Es terrible que los adultos no tengan la sensibilidad de conectarse con lo que los niños necesitan, de apoyarlos en el desarrollo de lo que son, de dones y habilidades que sí les corresponden y, en vez de esto, les obliguen a llenar sus expectativas.

♡ **Abuso emocional y físico.** Hace unos años era común que los padres golpearan a los hijos para reprenderlos o castigarlos. Son famosos el "cinturón" o la terrible "chancla", de la cual se hacen tantas bromas. No hay nada chistoso en el uso de la fuerza física y de golpes para corregir alguna conducta. Cada vez se sabe más lo traumático que es para cualquier niño y, sin embargo, es una práctica común en muchos lados, y no sólo eso, algunos adultos están convencidos de que son "gente de bien", gracias a los golpes recibidos por sus padres. Lo mismo sucede con el abuso emocional, mucho menos reconocido: manipulación, invasión de los límites del niño, control, cortar el afecto para "castigar" al niño, ignorarlo, aislarlo. Hay muchas formas de abuso emocional de las que ni siquiera somos conscientes y ni siquiera reconocemos como abuso.

♡ **Abuso sexual.** Quizá una de las formas más dañinas para cualquier ser humano, totalmente humillante, sobre todo para un niño que no tiene la capacidad de defenderse. No olvidemos que el abuso sexual no sólo es el acto sexual de un adulto a un niño, también son situaciones en las que el adulto mira con deseo a un niño, lo trata como objeto sexual, o bien, hace bromas o comentarios sexuales.

♡ **Invasión de la libertad natural de un niño.** Se trata de actos invasivos contra la privacidad de un niño, el control. Una cosa es guiar al niño, apoyarlo a encontrar sus formas, y otra muy diferente tratar de controlar su forma de ser, de actuar, de pensar, de vestir, etcétera.

♡ **Descuido.** Muchos padres, por la razón que sea, no tenemos el tiempo o la disposición para cuidar a ese nuevo ser de la forma en que lo necesita. La mayoría de los padres no está entonada con sus necesidades, ¿cómo podrá entonarse con la de su hijo o hija? Algunos, incluso, sienten que sus hijos son una carga, no les gusta pasar tiempo con ellos y no los apoyan a desarrollar su forma única de ser en el mundo. Hay formas de descuido que podrían considerarse como abuso: dar demasiada responsabilidad a un niño pequeño (como que cuide de un bebé), que los padres no estén y lo dejen solo, etcétera.

♡ **Ser obligados a jugar roles en la familia.** En las familias disfuncionales, los niños son obligados a seguir roles, muchas veces por la inmadurez de los padres, para complacerlos, ganar su amor, encajar en la locura de esa familia. El niño puede fungir como el cuidador de sus padres o el responsable de la casa. Estos roles limitan la expresión natural del niño, lo encierran en una caja y no le permiten saber quién es y qué es lo que desea. Lo terrible de esta situación es que el niño crece convencido de que su valor depende del rol que tome por obligación. Algunos papeles son: el héroe, el súper hijo, la víctima o la oveja negra, el basurero de todos, la niña buena, la rescatadora. Crecemos tan identificados con estos roles que nos olvidamos de quiénes somos y los actuamos toda nuestra vida. De esta manera, nos perdemos de nosotros.

♡ **Ausencia o exceso de límites.** Los límites sanos son una forma de abrazar, de contener al niño, de permitirle moverse y expresarse, siempre dentro de un espacio seguro. Los límites deben ser flexibles y tener un sentido. Si son demasiado rígidos o están ausentes, el niño pierde su camino.

♡ **Que los infecten con su negatividad, depresión o vergüenza.** El hecho de crecer en un hogar donde los padres sufrieron depresión o eran muy negativos, muy miedosos o se avergonzaban de aspectos de su vida, puede causar que el niño o la niña se sienta responsable del gran malestar que hay a su alrededor. Como mencioné, los miedos, vergüenzas y negatividades que los padres no trabajen se heredarán a sus hijos, aunque después les echen un súper rollo de cómo ser mejores.

EL APOYO DE LA EXISTENCIA Y CÓMO APROVECHARLO

El que mira hacia afuera duerme, el que mira adentro despierta.
–Carl G. Jung

Normalmente, vamos por la vida sin saber que utilizamos máscaras, que los roles que hemos personificado en nuestra vida no corresponden a nuestro verdadero yo y que tenemos heridas profundas de la niñez. Pero un día algo pasa: la pareja se va, peleamos con un amigo, perdemos un trabajo, en fin, algo detona nuestras heridas y ese algo es la existencia tocando la puerta. Este detonador provoca emociones, las más comunes son: ira, vergüenza, tristeza, miedo.

Cuando esto sucede, buscamos afuera a quién o a qué culpar por lo que estamos sintiendo: "Me humillaste", "me hiciste enojar", "por tu culpa lloré", etcétera. En vez de perderte en el exterior, aprende a mirar hacia dentro, y hazlo de forma científica: mente objetiva, sin juicios, en total apertura para ir hacia adentro y observar lo que sucede, cuando algo o alguien nos detona.

Identifica cómo es cuando tu vergüenza se detona

Algo te detona, es decir, algo genera un sentimiento en ti. Observa qué sientes y qué haces, quizá te descubras quejándote de lo que pasó, culpando a algo o alguien. Esto no te ayuda, continúa conectando dentro de ti.

Observa:
1. Sentimientos
2. Pensamientos
3. Conductas

No tiene que ser en este orden, pero es más menos como va surgiendo. Si no te das la oportunidad de observar e investigar con mente científica, te pierdes creyendo que tu trance es la realidad.

Pongamos un ejemplo:

Marcela decidió que estudiar medicina no es lo que quería hacer, su padre es médico y siempre soñó que ella, su única hija, siguiera sus pasos. Marcela ha descubierto que su pasión es la psicología y es lo que quiere estudiar. Su tía María, hermana de su padre, es psicóloga y siempre ha sido objeto de burla y de desprecio por parte del padre de Marcela, para quien la psicología es una pérdida de tiempo. Cuando Marcela se arma de valor y se lo dice a su padre, éste se pone furioso y comienza a gritarle y a decirle lo decepcionado que está. Marcela siente mucha culpa, miedo y vergüenza por "decepcionar" a su papá. Estos son sus sentimientos de vergüenza y culpa.

Los pensamientos de Marcela son: "Soy una mala hija", "estoy causándole un dolor muy grande a mi padre", "le estoy dando un gran disgusto y, por mi culpa, incluso puede enfermar", y muchos más. Pensamientos de vergüenza y culpa.

Marcela trata de justificarse con su padre, se disculpa mil veces y le promete que estudiará medicina tal como lo habían planeado toda su vida. Éstas son sus conductas de vergüenza.

Si Marcela estuviera en un proceso personal, quizá hubiera sido capaz de desconectarse de su padre y de lo que él le decía y reclamaba. Ella tal vez pudiera haber encontrado la forma de calmar su angustia interna (apropiarse de su miedo), quizá retirarse un poco (límites) y, finalmente, ya calmada hablar con su padre y dejar clara su postura. Después de todo es su vida y su profesión.

En el ejemplo de Marcela podemos ver:

- ♡ *Sentimientos:* culpa – miedo – colapso (vergüenza).
- ♡ *Pensamientos producidos por la herida:* soy una mala hija. Decepcioné a mi padre. Es mi culpa.
- ♡ *Conductas:* justificarse, disculparse, aceptar algo que no desea.

Existen también las conductas sanas ante algo que nos detona (en este caso, la desaprobación y el enojo del padre). Estas conductas pueden establecer límites, buscar ayuda cuando descubrimos que no podemos salirnos del trance de la vergüenza.

Claro, cuando estamos muy detonados, es casi imposible poner un límite muy asertivo en ese momento, pero quizá ayude decir algo así como: "En estos momentos me siento muy afectado, muy ansiosa, etcétera, necesito tiempo." Si es posible alejarte de la persona o situación que te detonó y calmar tu sistema nervioso, hazlo. Una vez tranquilo, regresa e intenta establecer ese límite o pedir algo o hacer lo que necesitas para concluir esa situación.

En el retiro al que fui, estuvimos practicando mucho para aprender a encontrar las conductas sanas, el ejercicio es el siguiente y lo comparto para que puedas hacerlo, utilizando alguna situación actual donde te sientas atorado:

Para entender este proceso, es importante que observes tu vida. Usemos un ejemplo real para explicar el ejercicio:

María y Guillermo son una pareja que apenas empieza una relación. Ella se siente muy frustrada porque él no le demuestra demasiado interés, no de la forma que lo hizo en un inicio. Él vive en otra ciudad y además es un hombre que no comunica mucho, aparentemente no necesita estar en contacto tanto como ella quisiera.

La forma en que María trabaja el ejercicio es la siguiente:

- ♡ *Cuál es el detonador de María*: la indiferencia de Guillermo. La poca claridad acerca de lo que quiere en su relación con María. La incertidumbre.
- ♡ *Sentimientos de María*: ansiedad, tristeza, enojo y vergüenza.
- ♡ *Pensamientos de María*: si no hubiera tenido sexo con él, seguro seguiría tan interesado como antes de hacerlo. Si yo

estuviera más delgada, le gustaría más. No soy suficiente para hacer que se interese y deje sus cosas para estar conmigo, quizá soy aburrida.

♡ *Conductas de vergüenza*: hacerse "chiquita" ante él. Tratar de engancharlo complaciéndolo y estando siempre para él cuando la busca. Deprimirse y llorar todas las noches que no tiene noticias suyas. Comer de más. Juzgarse, criticarse. Fantasear de cómo vengarse de él.

Una vez que María es capaz de ver todo esto y escribirlo en un cuaderno, el siguiente paso es buscar claridad en su interior, regresar a ella, en vez de pasarse el día obsesionándose con él, pensando en él, buscando estrategias para "engancharlo". Esto le permite a María encontrar su conducta sana:

♡ Reconocer que es su herida la que está creando todo esto y que dicha herida tiene profundas raíces en su pasado.

♡ Reconocer cómo el pasado sigue afectando su vida adulta.

♡ Estar dispuesta a sentir lo que surja: miedo, dolor, inseguridad, vergüenza, todo lo que está escondido detrás de sus conductas tóxicas y que son remanentes de su infancia y la forma en que fue tratada en ese tiempo.

♡ Reconocer estas conductas tóxicas como los patrones aprendidos, las estrategias que quizá de niña la ayudaron a sobrevivir en un ambiente no tan nutricio como el que hubiera necesitado y darse cuenta de que muchas veces su ansiedad es un detonante para otras personas, quienes se alejan o se mantienen a la distancia por miedo a ser enganchados.

♡ A partir de algún proceso terapéutico aprender nuevas maneras de responder a sus detonantes —de relacionarse con ella, con sus emociones y con las personas— que no sean una simple repetición de sus relaciones en el pasado.

Éste no es un proceso rápido pero sí profundo y de verdadera sanación. Poco a poco al practicarlo e interiorizarlo estaremos más conscientes de esos detonantes y de cómo trabajar con ellos cuando sucedan. Nada de esto es fácil y necesita del acompañamiento de una psicoterapia formal y seria. Los grupos de apoyo son de gran ayuda, en especial si pasamos por situaciones que han originado nuestra vergüenza, nuestros miedos y estamos en un momento en el que sentimos y creemos que nada tiene sentido.

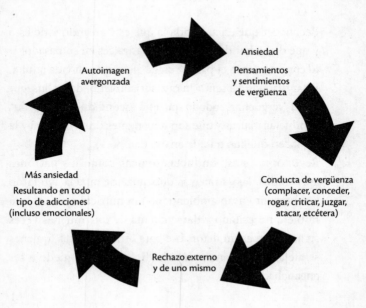

Ansiedad
Pensamientos
y sentimientos
de vergüenza

Autoimagen
avergonzada

Más ansiedad
Resultando en todo
tipo de adicciones
(incluso emocionales)

Conducta de vergüenza
(complacer, conceder,
rogar, criticar, juzgar,
atacar, etcétera)

Rechazo externo
y de uno mismo

La vergüenza –como los demás traumas o heridas que tenemos dentro– tiene fuerza propia, es un ciclo que se repite cada vez que algo nos detona, por lo que es importante conocerlo y reconocerlo cuando está sucediendo.

Necesitamos entender este mecanismo en nuestro interior y darnos cuenta de que muchas de nuestras conductas automáticas surgen de la vergüenza. Cuando algo nos detona, surgen pensamientos y sentimientos que nos orillan a comportarnos compulsivamente, como a María, la del ejemplo; se crean sentimientos y conductas automáticas. Esto quiere decir que no estamos en nosotros, actuamos como robots, no hay conciencia, no hay presencia.

Hace unas semanas fui a desayunar con una amiga a la que estimo mucho. Es una mujer que impone, de personalidad y de carácter fuertes. Tiene un corazón de oro y una mente inteligente y llena de ideas de cómo deben ser las cosas. Es práctica y enjuiciadora.

En esa ocasión tenía tiempo de no verla y, como siempre que nos vemos, empezamos a actualizarnos en lo que respecta a nuestras vidas. En algún momento dado, me preguntó acerca de mi última relación, esa que menciono al inicio del primer capítulo.

A ella le conté infinidad de veces lo difícil que fue esa relación para mí. Ante sus preguntas y comentarios, empecé a sentirme nerviosa y, cada vez más pequeña, como si me encogiera. Entre más nerviosa me ponía, más rápido hablaba y más trataba de justificar todo lo que había vivido y el porqué me había quedado tanto tiempo con un hombre, como el sujeto en cuestión.

Llegó un momento en que, más que preguntarme, ella empezó a darme sus puntos de vista sobre el tema, a emitir opiniones acerca de todo el asunto y, con toda franqueza, me sentí muy enjuiciada, como si estuviera en el banquillo de los acusados de alguna corte y tuviera que defender y justificar mis conductas ante ella. Al final, pidió cambiar el tema y así lo hicimos.

Más tarde, ya sola, me di cuenta de lo mal que me sentía por lo sucedido. Me había puesto "de pechito", como decimos. Y, reflexionando al respecto, pude ver cómo mi vergüenza se detonó. Mi juez interior es duro y cuando no lo reconozco me toma por completo. En esta ocasión, los comentarios de mi amiga eran ecos de esa voz interna: "¿Cómo es posible que alguien que ha estudiado y trabajado tantos años, que enseña y escribe sobre la codependencia, haya permanecido por más de un año en una relación con un hombre alcohólico, mujeriego y, además, abusivo emocionalmente?"

Me invadió una gran tristeza, por un rato me sentí muy mal de comprender que lo que me estaba lastimando no eran las palabras o la opinión de mi amiga. Era esa parte dura y exigente hacia mí misma. Esa mirada severa que a veces uso conmigo. De pronto, supe que no se trataba ni siquiera de explicarme o de justificarme ante otros, sino reconocer cómo me culpo y me juzgo. Las personas sólo detonan mi voz enjuiciadora. Esto es algo familiar para mí, sobre todo con cierto tipo de mujeres.

Conociendo mi historia de vergüenza, sé que proviene de la forma en que mi madre me hacía sentir de niña por ser tan diferente a lo que, quizá para ella, era lo correcto. "Eres una dramática, una teatrera", me repetía todo el tiempo. Sus juicios siempre fueron muy severos.

Ya lo comenté líneas arriba, mi madre era una mujer muy perfeccionista, ahora los años la han suavizado, pero mantiene esa visión dura hacia las personas y la vida en general. Tanto los juicios como las comparaciones con otras personas dejaron una huella de vergüenza muy profunda en mí, tan profunda que aún hoy, después de años de trabajo, en ocasiones aún detona en mí esa sensación de que lo que soy y lo que hago nunca será suficiente.

Cuando me encuentro con personas que proyectan una energía similar a la de mi madre de aquellos años, si no estoy alerta, fácilmente caigo en el trance de la vergüenza y me quedo ahí un buen rato.

Después de ese encuentro hablé del tema con mi hermana, a lo que me comentó: "Sí, es que somos personas muy intensas." Su respuesta fue curiosa, porque no lo dijo con carga negativa y, sin embargo, me sentí atacada de nuevo, así que empecé a defenderme, hasta que me calmó y me hizo ver que no era una ofensa. Y lo reconozco: sí, soy intensa, no tendría que sentirme avergonzada de ser lo que soy. Estos incidentes me hacen ver el juicio que tengo sobre ciertas facetas de mi personalidad y la necesidad de trabajar más profundamente en mi aceptación y amor hacia mi vulnerabilidad herida.

Otro aspecto de la vergüenza es que no reconoce los límites, ya de por sí bastante borrados entre uno y la otra persona. Es la sensación que comúnmente conocemos como "pena ajena"; para ejemplificarlo, me viene a la mente otro incidente sucedido hace muchos años.

Una noche estaba en una cena de amigos, a la cual me acompañaba Óscar, mi pareja de entonces. Alguien del grupo había terminado una relación poco significativa y, cuando nosotros llegamos, estaba platicando con lujo de detalles todo lo que había sucedido entre ella y el ex novio. Por el avance de la historia y la cara de los otros comensales, nos dimos cuenta de que ya llevaba un rato con ese asunto. Una hora más tarde, seguía en lo mismo. Óscar, hombre de pocas palabras y normalmente de actitud muy relajada, harto de escucharla hablar y hablar de lo mismo, le preguntó si había alguna conclusión en la historia, esto como un intento de hacerle ver que ya se había extendido demasiado.

Los demás se rieron por el comentario de Óscar y ella se calló. Visiblemente molesta, se fue a la cocina con la anfitriona que preparaba la cena. Un poco más tarde regresó a la mesa y se sentó con aires de ofendida. Yo me sentí mal, porque Óscar era mi pareja, intenté justificar y disculpar sus palabras de alguna manera. No me acuerdo ni qué dije, pero de seguro algo que no venía al caso. Una vez más, mi ser avergonzado trataba de disipar la tensión.

No sé si me respondió algo, pero lo que sí recuerdo a la perfección es que Óscar, al escuchar que me disculpé por él, se volteó y me dijo con su ronca voz: "Aura, no te disculpes por mí, yo soy el único responsable de lo que dije y no voy a disculparme por decir lo que pienso." Ésa ha sido una de las grandes lecciones de mi vida. Él, con sus pocas palabras, dejó claro ese límite, que yo no había considerado, entre su persona y la mía, entre sus actos y los míos, "yo soy yo, tú eres tú".

Ahora estoy más atenta. Cuando alguna situación detona mi vergüenza y ésta me ataca, puedo darme cuenta de cómo mis límites se desdibujan. Me tomo un rato para observarme –sin juicios ni intentos de interpretación–, para sentirme, hacer respiraciones profundas y suaves, y poco a poco regresar a mi centro.

En mi propio camino de sanación ha sido de vital importancia entender mi vergüenza, las cosas y las personas que la detonan y, ante todo, estar consciente de cómo esa parte infantil, inmadura, infectada con el virus, afecta las áreas de mi vida. Esto me permite estar alerta y trabajar poco a poco para salir de este trance que, de otro modo, no me permitiría vivir de la manera que lo he hecho: con muchas ganas de aprender, de salir de los hoyos en los que me meto y de respetar mi proceso, para otros incomprensible y absurdo. Esto también me devuelve la dignidad y el valor para pararme en mi verdad, no en la de los demás.

Áreas afectadas por la vergüenza

Sanamos nuestra vergüenza al entenderla y al reconocer lo que es, de dónde surge y cómo se manifiesta en nuestras vidas. Es importante conocer tu "historia de vergüenza", pero una vez que empieces a trabajar con ella, no te pierdas en la historia, porque puede convertirse en la excusa para no seguir adelante, para no tomar riesgos en la vida y vivir con resignación.

Para cerrar este tema, recordemos que la importancia de tener una autoestima saludable reside en que es la base de nuestra capacidad para responder de manera activa y positiva a las oportunidades que se nos presentan en el trabajo, en el amor, en nuestro proceso de crecimiento como seres humanos.

Imagínate, si somos personas llenas de vergüenza hacia nosotros, llenas de culpas por las cosas que hacemos y que no hacemos, entonces, ¿cómo funcionar con este virus infectando nuestra vida? ¿Cómo obtenemos una vida satisfactoria, plena, gozosa? ¡¡No hay manera!!

Por eso es tan importante encontrar las áreas de nuestra vida que han sido "infectadas" con el virus de la vergüenza y el de la culpa, y trabajar en ellas. Quizá, los lugares más vulnerables de nuestro ser son:

- ♡ Sexualidad.
- ♡ Cuerpo y apariencia.
- ♡ Habilidad para ganar dinero. Seguridad.
- ♡ Sentimientos y emociones.

- ♡ Gozo: habilidad de ser espontáneos.
- ♡ Creatividad: reconocer y ser capaz de expresar tus dones.
- ♡ Claridad: vivir tu vida como la deseas. Conocer tus prioridades.

> **La peor desgracia que le puede suceder a un ser humano**
> **es pensar mal de sí mismo.**
> **–Goethe**

Existen varios pasos en el viaje de sanación de nuestra vergüenza y reconstrucción de la autoestima, para encontrar quiénes somos y reconectarnos con nuestra confianza esencial, nuestra dignidad y nuestra capacidad de amar. Esto implica trabajo profundo, mucha paciencia y amor hacia nosotros y, especialmente, a esa parte nuestra que está tan lastimada.

Pasos para sanar la autoestima

- ♡ Aprender a reconocer y aceptar que todos tenemos cualidades y defectos.
- ♡ Reconocer y reforzar las cualidades de las que podemos sentirnos orgullosos.
- ♡ Trabajar en nuestros condicionamientos y creencias para liberarnos de conceptos negativos sobre nosotros y de la vida en general.
- ♡ Aceptar que todos somos importantes.
- ♡ Vivir de acuerdo con la realidad, reconociendo lo que nos gusta y lo que no nos gusta.
- ♡ Liberarnos de la culpa, valorando lo que queremos y pensamos.

- ♡ Aceptar lo que sentimos y somos.
- ♡ Actuar de acuerdo con lo que deseamos, sentimos y pensamos, sin tener como base la aprobación o desaprobación de los demás.
- ♡ Sentirnos responsables de nosotros, ya que ser responsables de nuestra existencia, genera confianza en nosotros y en los demás.
- ♡ Vivir de manera auténtica, siendo congruente entre tu sentir y actuar.
- ♡ Fomentar honestamente la autoestima en otros (refleja la nuestra).

UN PAR DE PUNTOS IMPORTANTES ANTES DE CONCLUIR ESTE CAPÍTULO

La vergüenza y la culpa son tóxicas, nos atoran y —como vimos— no nos dejan expresar al ser maravilloso que todos somos. No obstante y lo mencioné antes, hay una vergüenza y una culpa diferentes: las que sentimos cuando hacemos algo que no está bien con nuestros valores. Necesitamos distinguirlas y sentirlas porque son los indicadores de que algo que hicimos o dijimos no estuvo bien. Quizá causamos daño a alguien, lo lastimamos, hicimos algo que no era lo más apropiado y es importante reconocerlo, porque si no, estaremos actuando desde el lado de los psicópatas emocionales, aquellos que nunca sienten culpa ni vergüenza, hagan lo que hagan.

Afuera del Templo de la Libertad siempre hay unos perros impidiendo nuestra entrada: vergüenza, culpa y miedo. Siempre que vayamos por nuestra libertad, estos perros nos estarán esperando afuera de esa puerta. Y sí… nos atacarán, nos morderán, pero no pasará nada, al final no pueden dañarnos. Sólo hay que estar conscientes de que nos enfrentaremos a ellos.

Esto me recuerda una historia que alguien contaba cuando era niña, un cuento del cual no recuerdo nombre ni autor.

Una princesa (claro, siempre el asunto es con ellas) estaba bajo la influencia de un terrible hechizo. Para liberarla, había que traer una rosa (creo que negra), que se encontraba en la cima de una colina. Para llegar a ese sitio, era necesario subir por un sendero, en el que, a los lados, había miles de estatuas de piedra que hablaban y que, mientras la persona iba subiendo, le gritaban y le decían cosas terribles, lo insultaban, lo trataban de atemorizar. Si la persona que subía les hacía caso y reaccionaba tratando de callarlos, en ese momento se convertía en otra estatua de piedra y se sumaba al coro de voces que haría todo lo posible por evitar que alguien llegara al punto más alto, cortara la rosa y liberara a la princesa.

Al final, por supuesto, un hermoso hombre logró subir. Ignoró las voces de las estatuas, tomó la rosa, liberó a la princesa y, de paso, a todas las estatuas de piedra que habían caído bajo el terrible hechizo.

Así somos nosotros cuando intentamos salirnos de nuestros condicionamientos, las voces de nuestro juez interior nos dirán mil cosas para convertirnos en estatuas o, al menos, para hacernos retroceder y que no intentemos salirnos de nuestra prisión. A cada uno le corresponde encontrar la forma de lidiar con estas voces, ignorarlas y continuar el camino a la liberación. Me parece que la princesa podría ser nuestro hermoso ser aprisionado y el que la libera no es un príncipe externo, sino nuestro impulso natural de ir hacia la libertad.

CAPÍTULO 4

Nuestros miedos

Hoy, durante mi caminata mañanera, reflexionaba acerca de algunos aspectos de mi vida que he deseado cambiar sin mucho éxito. Ahí por la tercera vuelta a la pista pensé, "¡Al carambas con todo! Ésta es la vida y no siempre se puede obtener lo que se desea, mejor acepto mis limitaciones y dejo de complicarme las cosas", y seguí mi caminata, sintiendo un poco de peso en el corazón.

A la quinta vuelta, me llegó la imagen de la primera vez que hice el Path of Love en Colonia, Alemania. Y recordé un momento del proceso, en el cual Rafia Morgan, líder del Path of Love y amadísimo amigo, se acercó a mí, de seguro viendo en mi rostro la misma expresión que debo haber tenido hoy y suavemente me susurró: "Ansu" (por Ansudhara, mi nombre espiritual de Osho), "nunca te resignes, no vivas tu vida en ese estado de resignación. Escucha tu corazón, lucha por tu anhelo". Esas palabras prendieron una llama que ha iluminado mi camino en estos últimos años. Hoy por minutos las olvidé, olvidé que resignarse no es aceptar. Es darse por vencido.

Y para la última vuelta, la lección me quedó clara: puedo aceptar que hoy no he logrado lo que deseo, puedo aceptar que la vida a veces se complica y hay problemas que resolver y tengo que hacerlo. Pero no permitir que la desesperanza detenga el camino, no conformarse con

quedarnos sentados mientras los demás bailan en la pista... Seguiré
luchando, haciendo lo que a mí me toca y escalaré la montaña con toda
mi pasión, con toda mi energía... hasta donde pueda llegar. El resultado
lo dejo en manos de la existencia, descansar, sí, claudicar, ¡jamás!

Septiembre de 2016

¿POR QUÉ EL AMOR ES TAN DOLOROSO?

El amor es doloroso porque crea el camino para gozar. El amor es doloroso porque transforma. El amor es mutación y cada cambio será doloroso porque tenemos que dejar lo viejo por lo nuevo. Lo viejo es lo familiar, lo seguro; lo nuevo es absolutamente desconocido. Te desplazarás con un movimiento impredecible, no podrás utilizar tu mente con lo nuevo. La mente es habilidosa con lo viejo, funciona sólo con lo conocido. Con lo pasado, la mente es inútil. Por lo mismo, el miedo surge. Surge cuando dejamos el mundo viejo, cómodo, seguro, el mundo de la conveniencia. Es el mismo miedo que siente el niño cuando sale del útero de la madre. El mismo miedo que siente el ave cuando sale del huevo. El mismo miedo que sentirá cuando intente por vez primera sostenerse en el aire. El miedo de lo desconocido y la seguridad de lo conocido. El miedo de lo desconocido, lo impredecible de lo desconocido nos vuelven seres miedosos. Y la transformación será desde el ser hacia el no ser. La ganancia será profunda, pero debes saber que no es posible encontrar el éxtasis sin pasar por el dolor. El oro debe pasar por el fuego para purificarse.

—Osho

No sé ustedes, pero mis miedos más grandes, desde que recuerdo, han sido fracasar en la vida, no generar el dinero necesario para sobrevivir y para disfrutar de cosas que me gustan. Ése es uno muy grande para mí. El otro es no encontrar el amor. Morirme sin conocer el "verdadero amor". Al reflexionar sobre esto, en realidad no estoy muy segura de que el miedo a "estar sola" me aplique tal cual. En este periodo de mi vida, en el que por primera vez en muchísimo tiempo llevo casi un año sin pareja, he descubierto lo mucho que disfruto estar en control de mi vida, hacer las cosas que me gustan sin sentirme culpable de no estar con el otro. Planear mis viajes, ir con mi familia y disfrutar de amigos, de la gente que quiero y con quien me la paso muy bien sin sentirme culpable porque no estoy considerando a la otra persona. Disfruto mucho ir al cine y no tengo problema en hacerlo sola. Voy a ver la película, no a socializar. Amo las caminatas a mi ritmo, mis pensamientos, mis sensaciones. Amo estar conmigo. Y, sobre todo, sentir esa libertad de conectarme conmigo cada día y preguntarme: "¿Qué necesito hoy?", sin tener que considerar a nadie más dentro de esta indagación.

En este periodo he descubierto que no es un miedo a estar sola, porque nunca lo estoy: tengo familia, gente cercana, relaciones que me nutren. Este miedo tiene que ver con no encontrar a alguien con quien crear una conexión más profunda, con quien compartir momentos de mi vida que son importantes. Y lo hago, por supuesto que tengo amigos y amigas con quienes platico y paso las horas y, como ya lo dije, recibo mucho de esas relaciones. Pero el anhelo de una persona con quien despertar, si no diario, sí en las mañanas especiales, o con quien pasar los domingos ociosos haciendo algo tan simple como cocinar solos o con amigos, caminar por algún lugar bonito, ver películas o sólo estar. Confieso que eso sí me atemoriza.

Este periodo de solitud que hoy vivo es rico, me está sirviendo para organizar mi vida y retomar caminos que había dejado. Pero, como dije al inicio de este capítulo, no quiero vivir en la resignación respecto a ningún tema, ni pensar que debo conformarme a vivir sin la pareja que anhelo, a aceptar algo que sea *menos que* para no estar sola, sólo porque tengo cierta edad; no, no creo hacerlo. Aceptaré lo que me toque, pero siempre trabajaré e iré a donde tenga que ir en mi interior para transformar lo transformable.

Por supuesto que tengo miedos: a morir o a enfermarme de algo terrible y no hacerme cargo de mí. Estos miedos son normales, son muy existenciales. Como seres vivos, tenemos una parte que *sabe* que en algún momento esta vida, tal como la conocemos, terminará. El cómo y el cuándo permanecerán desconocidos hasta que suceda y cuando suceda ya no importa mucho. Tanto el miedo a morir como a enfermarme también forman parte del paquete de cosas con las que tengo que lidiar en ciertos momentos.

Ahora bien, hay otros miedos producto del entorno en que vivimos. En mi caso, vivo en la Ciudad de México, en una colonia que fue bastante golpeada por los pasados terremotos. Por supuesto que hay momentos, sobre todo por la noche, en que me asalta el miedo a que tiemble y me quede atrapada bajo los escombros. Y como muchos mexicanos, el miedo a la violencia y a las situaciones que amenazan mi vida; el nuestro es un país que cada vez se torna más violento, dentro de un mundo caótico e impredecible. ¿Cómo no sentir estos miedos? Resulta ya casi normal, dadas las circunstancias actuales. Pero, en realidad, la vida es un constante riesgo. Nada garantiza nada. Y esto es algo que nuestra parte emocional infantil no puede ni quiere entender.

Queremos pisos firmes, seguridad, garantía. Queremos sentir que estamos a salvo. Puede que lo busquemos en la religión, que nos aferremos a ideales políticos, incluso a un camino seudoespiritual, con el cual intentamos esconder nuestros miedos y creer que encontraremos la forma de vivir dentro de una burbujita donde la vida no nos toque. Y digo seudoespiritual, porque un camino espiritual real nos enseñará lo contrario: que la vida es perecedera, que en ella nada es para siempre, por lo que hay que tratar de no aferrarse a nada, porque todo tiene un ciclo que hay que vivir y luego soltar. Fácil de decir, muy difícil de efectuar.

Primero, hay que entender que un verdadero camino de aprendizaje ayuda a abrir los ojos a la realidad, para no seguir pensando en la fantasía de que la vida es una tienda, donde si se encuentra la técnica correcta, se puede pedir y se recibirá porque lo "merezco", porque soy una "diosa", porque soy muy "buena". No funciona de esta manera, al menos no es lo que he entendido y descubierto.

¿Cuál es mi visión? Nos toca trabajar para permanecer abiertos a la vida, trabajar para limpiar el espacio interior y recibir los regalos de la vida, que son muchos, aunque no siempre son los que queremos, y a veces hasta exigimos. Nos entrenaron a partir de la idea de que teníamos que ser de cierta manera o hacer tal y cual cosa para "merecer" el amor, el aprecio, el cariño de nuestros padres. Esta idea la tenemos grabada en nuestra mente. Bajo esta concepción de la vida, lo que se premia o se castiga son las acciones y los logros, no lo que cada uno es; pocos sentimos el derecho de ser amados y vistos, tener un lugar en el mundo sólo porque estamos aquí. Es como si para ganar tuviéramos que cumplir con las expectativas de la familia, la iglesia, la escuela, la sociedad.

Por ello es importante reconocer que todos tenemos miedo. Somos seres frágiles, vulnerables ante la vida. ¿Cuál sería tu mayor miedo de abrirte a alguien o de dejar un trabajo que no te satisfaga y perseguir tu sueño? Aquí, algunas respuestas:

- El miedo a que me rechacen o me abandonen.
- El miedo a que si me acerco a alguien o me atrevo a pedir algo que necesito, me critiquen, me juzguen, se burlen de mí.
- El miedo a que si me sincero, me lastimen, o quizá no se queden, o me traicionen, o pierda el control de mi vida y de mis sentimientos.
- El miedo a que si permito que alguien se acerque demasiado, se dé cuenta de que no soy lo que pretendo ser.
- El miedo a que si intento algo nuevo, fracasaré.
- El miedo a que si me muevo de mi zona de confort, quizá nunca encuentre mi lugar en el mundo.

La realidad es que todos cargamos con miedos. La cuestión es que la mayoría los niega, los oculta y ni siquiera habla de ellos. Tal vez porque si los hacen conscientes, si los mencionan, los invocarán, les darán vida y, entonces, esos miedos los controlarían totalmente. Pero lo que sucede es lo contrario: mientras no reconozcamos estos miedos, seguirán controlándonos y manifestándose en nuestras vidas de diferentes maneras.

Cuando era niña, mi madre nos mandaba a la recámara tan pronto como terminábamos de merendar. Sin embargo, arriba estaba oscuro y a mí me aterraba subir sola. Entonces comía muy lentamente para no tener que hacerlo. Mi madre se daba cuenta de esto y nos apuraba, seguro estaba harta de lidiar con nosotros todo el día y no veía la hora en que nos fuéramos a acostar –no la culpo, ¿batallar con 5 hijos?, uff–, yo esperaba a mi hermana Paty, con quien siempre he establecido una gran complicidad, pues crecimos juntas y compartimos recámara, confidencias, dolores de crecimiento por muchos años, teníamos el acuerdo de que quien terminara primero esperaría en las escaleras lejos de la vista de nuestra madre, mientras, la otra se apresuraría a terminar para subir juntas a la recámara. Muchas veces yo juntaba las dos camas porque tenía terror de la oscuridad.

Nunca he sabido qué me provocaba ese terror, pero presiento que fueron todos esos años en la escuela católica, donde las monjas nos hablaban del diablo, de seres del averno que nos castigarían si nos portábamos mal, y las historias de una tía, a quien le daba por inventar monstruos para mantenernos en la raya.

Por allí hay una broma que dice que madurar es atreverte a dormir con los brazos colgando fuera de la cama. Por años no pude hacerlo, siempre tuve la sensación de que había "algo" terrible debajo de la cama o dentro del clóset. Y las pocas veces que me atreví a contarle a algún adulto acerca de estos miedos, se reía o minimizaba lo que sentía y lo remediaba con un simple "no hay nada, no tienes por qué sentir miedo". Cierto, seguro no había nada, pero no me ayudaba que me dijeran esto, lo que necesitaba era apoyo y guía para manejar mis miedos.

Cuando mi madre era joven negó o ignoró sus miedos, nunca demostró un momento de debilidad, de vulnerabilidad. Siempre estaba haciendo algo, corriendo, corriendo, logrando, logrando. En cambio, mi padre lidió con sus miedos mediante conductas adictivas y reacciones de ira, de control, etcétera. En nuestra familia, los miedos no eran reconocidos o procesados. De hecho, aparentar que no se tenía miedo era casi una virtud.

¿De quién hubiera aprendido a manejar mis miedos? Como dije antes, cuando los padres no aceptan ni trabajan con sus heridas: vergüenza, culpa, miedos, éstos pasan a los hijos, tal cual. Y los hijos aprenden a lidiar con sus miedos de la forma en que sus padres lo hacían.

Como adultos, tenemos diferentes maneras de combatir los miedos y muchas veces ni siquiera nos damos cuenta de que los tenemos. El asunto es que lejos de enfrentarlos, los escondemos o ignoramos en lo más profundo de nuestro almacén interior y nos olvidamos de ellos, pensando que ya no pueden afectarnos, porque los escondimos en ese cajón del pasado y lo cerramos con llave. Pero sí que nos afectan, y esto se manifiesta en diferentes conductas que hacemos nuestra manera de vivir.

Puede que seamos como conejitos, muertos de miedo ante la vida, que nos congelemos ante la posibilidad de enfrentar los retos de la existencia. Y estamos tan inmovilizados por el miedo, que nos encogemos y nos hacemos pequeños ante cualquier cosa y, como conejos aterrados, nos metemos en nuestra madriguera donde permanecemos escondidos.

O quizá somos muy "valientes" y vamos con todo en las situaciones. Como si manejáramos por una carretera panorámica a doscientos kilómetros por hora para demostrar lo valientes que somos, sin considerar a esa parte de nosotros que va aterrada en el asiento de atrás y que intentará todo para "boicotearnos". Cuando, en realidad, está pidiendo ayuda, gritando que le bajemos a la velocidad porque es muy aterrador.

Puede ser que manejemos nuestros miedos haciendo todo lo posible por complacer a otros. Siempre evitando conflictos y confrontaciones, sin decir nunca que no ni poner límites; intentando ser una "muy buena persona" para no ser rechazados, criticados, ni sentir que nadie nos quiere.

Cuando no aceptamos nuestros miedos, cuando no los reconocemos ni los validamos, hacemos lo mismo con el miedo de los demás, de nuestras parejas, hijos, amigos. Los juzgamos, nos reímos de ellos, los criticamos o incluso los humillamos para sentirnos mejor.

Al no aceptar el miedo y sus efectos sobre nosotros, culpamos a los demás cuando las cosas no se dan o nos salen mal. Cuando no nos atrevemos a hacer alguna cosa que implique riesgos pero que es necesaria para mejorar nuestra vida, mejor le echamos la culpa a la vida, a los otros. No somos capaces de aceptar con honestidad: "Tengo miedo y por eso YO no me atrevo a hacerlo."

Veamos el caso de Tatiana:

Hace dos años y medio comencé una relación con Carlos, a quien conozco desde hace más de veinte años. Nos habíamos dejado de ver mucho tiempo hasta que por medio de Facebook y por una amiga en común me reencontró.

Yo pasaba por un proceso de divorcio, por lo que estaba más vulnerable que nunca. Él tenía cuarenta años y jamás había tenido una relación formal con nadie, sólo acostones casuales, y hacía más de tres años que ni eso. Es un hombre muy solitario, que dedicó cuatro años de su vida al cuidado de su madre enferma, a su hermano mayor y a su abuelo. Al morir su mamá y al quedar solos los tres, Carlos se dedicó a trabajar por cuenta propia. De acuerdo con sus palabras, todo esto le impedía tener relaciones "normales", por lo que todas las que tuvo hasta antes de que me reencontrara fueron a través de la red. Llegó con todo listo y puesto para que creyera que iba a ser la persona adecuada para mí. Éste fue mi primer error.

La primera cita (ya llevábamos cerca de dos semanas hablando y chateando por la red) fue maravillosa: fruta, chimenea, cama llena de pétalos de rosa con la frase "Quédate, nena". Yo llevé vino, pasamos la noche juntos. Todo fue increíble y maravilloso.

A partir de entonces me escribía y me hablaba todos los días por largas horas. Nuestros encuentros cada vez eran más frecuentes y yo caí perdidamente enamorada (o bueno, eso era lo que creía y creo hasta la fecha). Luego, comenzó a desaparecerse por periodos cada vez más largos, lo cual provocaba en mí una tremenda ansiedad. Me sentía terrible, me ahogaba. Me costaba trabajo levantarme por la mañana, trabajar, comía de más y todo el tiempo, por las noches conciliaba el sueño después de llorar por horas. Esto se prolongó varios meses hasta que él decidió que debíamos terminar porque habíamos ido muy rápido y no estaba bien para él.

Esa noticia fue un balde de agua fría para mí, esperaba que algo pasara y él regresara a ser el mismo hombre enamorado del inicio. Me puse sumamente triste, estaba pasando por dos rupturas casi al mismo tiempo: mi matrimonio y esta nueva relación con la que me había ilusionado mucho porque me había regresado la alegría de vivir.

Pero ahí no paró todo. Carlos me seguía buscando y un día me convenció de hacer un viaje juntos, el cual patrociné casi en ochenta por ciento. La verdad es que fue uno de los mejores de mi vida.

Después del viaje, él decidió volver a ser mi novio. Como no estaba bien económicamente, lo ayudé: le prestaba dinero, le pagué su tratamiento odontológico, lo apoyé en su trabajo. Poco a poco llegaron más y más clientes y empezó a levantarse en todos los aspectos de su vida. Me sentía muy bien por haber sido parte primordial y fundamental de dicho cambio.

Todo marchaba perfecto hasta que un día a las 11 p.m. recibió un mensaje en su celular. Yo le pregunté: "¿Quién te escribe a esta hora?"

Me respondió que no sabía, que lo revisara, y me pasó el celular. Así lo hice y vi que era una mujer que le preguntaba dónde estaba y yo respondí que en casa de su novia. Ella respondió con un OK y listo.

Pero ése no era el único mensaje que tenía, descubrí que se escribía por chat con más de seis mujeres, a quienes les decía lo mismo que a mí y les presumía las fotos de nuestro viaje: "Me fui solo y no sabes cuánta falta me hiciste." Ante esto, le reclamé. Él se ofendió, se puso furioso, sacó todas las cosas del clóset y estuvo a punto de derribar la puerta, hasta que se salió de mi casa. Luego supe que se hospedó en un hotel. Al día siguiente, como si nada, me buscó y asistimos a una fiesta de quince años que yo tenía, a la cual ya habíamos planeado ir. Otra vez, un error de mi parte.

Las cosas siguieron, y cada vez que pensaba que la relación iba bien, él se encargaba de decirme que sí estaba buscando alguien con todas las características y los atributos como los míos, pero no era yo. Y, sin embargo, aquí sigo, aterrada de marcharme porque siento que si me separo de él, no podré lidiar con mi vida. Como mi divorcio fue tan malo, no quiero pasar por otra ruptura inmediata.

Qué pensaste o sentiste al leer esta historia de Tatiana que, por cierto, es cierta y sigue sucediendo, es decir, ella sigue en esta relación.

Hace años, mi primer pensamiento hubiera sido: "¿Cómo es posible que alguien soporte tanto en una relación? Y, de seguro, me enojaría con Tatiana por quedarse en una situación tan lastimosa, donde no está recibiendo lo que necesita.

Juzgaría su dependencia emocional, su miedo de ir por la vida, de pararse en sus pies, de atreverse a vivir sola un tiempo. Hace años eso hubiera hecho, si ella hubiera venido a mí por terapia en aquellos tiempos; hubiera dirigido mi trabajo a empoderarla y ayudarla a salir de esto. Claro, es lo que necesita. Empoderarse. Pero hoy entiendo que, si no hacemos un trabajo profundo con nuestro interior, que es la parte infantil que no quiere irse, si no la incluimos en este proceso de separación, ese empoderamiento será superficial y tarde o temprano iniciaremos otra relación similar. Un verdadero proceso de empoderamiento incluye a esa parte aterrada dentro de nosotros sin ignorarla o aplastarla. Porque si lo hacemos, tarde o temprano surge de nuevo en muchas formas:

- ♡ Conductas adictivas, (dependencias emocionales externas, adicción a sustancias).
- ♡ Conductas agresivas contra mí y contra los otros.
- ♡ Roles de víctima, de sumisión.
- ♡ Aislándonos y escondiéndonos de la vida.
- ♡ Rol del rescatador (como en el caso de Tatiana).
- ♡ Llenar nuestras vidas de actividades y de todo tipo de situaciones caóticas.

De una manera u otra, hemos encontrado formas para crear una vida de compensación ante los miedos. Todo es mejor que enfrentarlos. Nuestra parte infantil recuerda las ocasiones en que vivió experiencias de mucho miedo, y quizá fue tan fuerte en esos momentos que borró o escondió ese recuerdo.

El problema es que el miedo, como todas las emociones, es una energía que no desaparece por ignorarse, esa energía quedó en algún lugar de nuestro cuerpo y aunque la mente la bloquee y pretenda que ya la superó, allí sigue, desde las tinieblas del inconsciente, afectando la vida, la salud, la creatividad, la sexualidad, las formas de relacionarse.

Hay quien que cree que reconocer y traer al consciente al miedo es como si invocáramos al mismísimo diablo, porque nos tomará y controlará. Pero es justo lo contrario. Mientras lo mantengamos en el inconsciente, desde allí seguirá moviendo los hilos de nuestras vidas.

Las experiencias del miedo yacen escondidas en nuestro cuerpo y en nuestras mentes y afectarán profundamente nuestras vidas y nuestra habilidad de relacionarnos con otros.
Y mientras no reconozcamos esas experiencias y trabajemos con ellas, éstas fácilmente sabotearán nuestras vidas.
Se mostrarán como síntomas corporales, como una tendencia de evitar cualquier situación que pueda hacer surgir el miedo, o serán las causantes de que llevemos una vida de falsedad y compensación.
La forma para recuperarnos del miedo empieza con nuestro reconocimiento de la profundidad de nuestros miedos.
—Krish y Amana Trobe, *Healing Shame and Shock*

No es fácil enfrentarnos a nuestros miedos, por eso buscamos mil formas de evadirlos. Pero si queremos crecer y abrirnos a la vida, tendremos que encararlos constantemente. Y hay pocas situaciones que los detonen de manera tan poderosa como nuestras relaciones íntimas.

Una de las formas más comunes para evadir nuestros miedos es perdernos en los dramas de nuestras relaciones románticas y repetir los patrones una y otra vez. Se suele culpar a la vida, a la mala suerte, a las heridas, sin intentar descubrir qué es lo que se encuentra debajo de estos dramas y conflictos. Y mientras no lo hagamos, continuaremos estableciendo relaciones llenas de desilusiones y frustraciones. Nos perdemos en dramas para no contactar nuestros miedos.

En el modelo del Learning Love Institute se conoce como el drama del dependiente y el antidependiente. Hay quien lo denomina apego emocional, lo divide en dos categorías: personas con apegos con ansiedad y personas con apegos *evitativos*. En otras palabras, se refiere a dos personas que, sin la mínima conciencia de sus miedos, los actúan dentro de la relación.

Esta novela empieza cuando pasamos el periodo del enamoramiento. Antes de esto, estamos en un estado alterado de conciencia. Abiertos, anhelantes, emocionados, seguros de que "ahora sí encontramos a la persona correcta". No podemos creer nuestra buena estrella de haber coincidido con esta persona maravillosa ¡y que además quiera estar con nosotros! ¡Qué gozo! Cantamos, bailamos, brindamos con el amado, la amada, con los amigos y aseguramos que ahora sí ésta es la buena.

Claro, todos hemos pasado por esto, sabemos lo maravillosa que es esta sensación. Además, estamos convencidos de que será así siempre, viviremos juntos y felices el resto de nuestras vidas. Todo lo que hemos esperado del amor por tanto tiempo finalmente llegó. Unos meses o incluso años más tarde, nos preguntaremos: ¿Qué pasó? ¿En qué momento esta maravillosa historia pasó a ser de la más hermosa a la más terrible?

Martha y Arturo han estado en una relación por cinco años. Martha se queja todo el tiempo de Arturo, que no le da suficiente atención, que nunca la escucha, que ya no es el mismo. Y recuerda con nostalgia el primer año de su relación, cuando Arturo iba a cualquier lugar, hacía lo que fuera por estar con ella.

Arturo, por su parte, comenta que ya no tiene tiempo de nada, que antes tenía tiempo libre para hacer sus cosas, pero ahora tiene que dedicar cada una de sus horas a la relación con Martha. Y si él le dice que prefiere descansar los fines de semana y quedarse en su casa, en vez de acompañarla a sus aburridas reuniones o a comidas familiares, ella se enoja y se queja tanto que él acaba cediendo.

Martha se desespera y llega a la conclusión de que esta relación ya no le funciona y quizá sea hora de buscar a alguien más atento y presente, porque con Arturo no consigue llenar su necesidad de afecto y atención.

Arturo está muy molesto porque siente que Martha lo está asfixiando con su constante demanda de atención y muchas veces no quiere ni verla porque todo se ha vuelto demandas y exigencias de parte de ella.

El siguiente diálogo es un ejemplo de una de sus discusiones, cada vez más constantes:

Martha: *Arturo, ¿a dónde vas? Necesitamos hablar. Siempre me haces lo mismo, te empiezo a decir cómo me siento y te vas. Me choca que no me peles. Siempre tienes pretextos para no estar conmigo. Siempre estás ocupado en cosas y no te das cuenta de que estás aterrado de permitirme acercarme a ti.*

Arturo: *No tendría ningún problema en que te acercaras, si no fueras tan demandante. De verdad, Martha, no soporto cómo usas todo ese rollo de las relaciones y la cercanía para justificar tu necesidad exagerada. Me enloquece. La neta, a veces siento que me asfixias con tanta demanda.*

Martha: *Arturo, tú me culpas a mí, pero acuérdate de lo que dijo la psicóloga: te enloqueces porque estás aterrado y porque algo en ti sabe que, si dejas que me acerque, no vas a estar en control todo el tiempo. ¡Acuérdate! Y ¡cómo te señaló los problemas que tienes con la intimidad!*

Arturo: *¡Mentira! No era a mí, a ti te dijo que usabas el control por tu miedo al abandono. Y es cierto, a ti te interesa controlarme todo el tiempo. Quieres controlarme para que sea como tú quieres. Tienes tanto miedo de estar sola, que te escondes en las relaciones; eso no es intimidad, es adicción, ¡es codependencia!*

Martha: *¿Y tú qué sabes de eso? Parece que ya no te importo. Yo no quiero controlarte, ¡sólo quiero estar contigo como antes! Como cuando te gustaba pasar horas abrazados y platicando. Entonces sí me querías, no que ahora… Y me dices que lo mío es adicción, pero ¿y tú? ¿La forma en que estás obsesionado con tu trabajo, y todas tus actividades, tu deporte, tu cacareada libertad? Qué, ¿eso no es adicción? ¿Por qué no podemos tener un poco de intimidad? Todas las parejas "normales" la tienen.*

Arturo: *¿Normales? ¿Qué es eso? No sé, yo creo que es demasiado… De verdad, me parece que exageras con eso de "la intimidad". Voy a salir, necesito un poco de espacio, voy al gimnasio.*

Martha: *No, Arturo, eso es lo que siempre haces para escaparte; mejor quédate y platiquemos, busquemos una forma de conectarnos, no de salir huyendo.*

Arturo: *No, Martha, esto es demasiado para mí, tanta conexión es como un complejo de enchufe. A mí me ahoga, de verdad; necesito salir, luego te veo…*

Martha: *¡Eres un cobarde, siempre sales corriendo en vez de quedarte y enfrentar tus miedos!*

(Se escucha la puerta azotarse mientras Arturo se retira.)

Y estos conflictos son el pan nuestro de cada día en las relaciones. Ninguno de los dos se da cuenta de lo que está pasando detrás de los reclamos, los enojos y las grandes decepciones. Y, de hecho, es posible que en teoría lo sepan, que es uno de los males en la actualidad. Hay tanta información que todos parecen saber cuál es el problema, pero saber no cura los miedos, éstos no se sanan a menos que nos permitamos sentirlos y vivirlos. De otra manera, sólo usamos lo que sabemos para seguir culpando al otro.

Al irse Arturo, seguramente Martha llamó a su mejor amiga y empezó a quejarse de él: "Es lo mismo de siempre, es que todos los hombres son iguales, al principio allí están y nos tratan como sus princesas, pero en cuánto esto se empieza a poner serio, salen corriendo y ya no quieren estar con una. Como dice la terapeuta, como escuché en el radio, como leí en el libro… Tienen pavor al compromiso y por eso nos echan la culpa a nosotras."

Arturo se va a ver a sus amigos para echarse una cascarita y sobre todo tener un pretexto para no estar en casa, para tomarse un rato alejado de Martha. Cuando los amigos le preguntan por qué la cara de pocos amigos, simplemente responde: "Ya sabes, estas viejas. Sólo quieren tenernos pegados a sus faldas. No hablemos de eso, vamos a jugar y luego nos vamos por unas chelas."

Lo que ninguno de ellos reconoce es que ya han vivido estos mismos problemas en otras relaciones y que el cambiar de persona no les ha solucionado nada. Quizá en el inicio, en la etapa de enamoramiento, esto no sucede, pero cuando la relación comienza a ser más "estable", esta misma situación se presenta una y otra vez. ¿Les suena familiar? Creo que sí, ¿verdad? Entonces, es importante que sigan leyendo y entiendan qué sucede bajo estos conocidos dramas de parejas. De hecho, esto puede ocurrir en todo tipo de relaciones, siempre hay uno que aparentemente es la parte fuerte, independiente y su contraparte débil, dependiente, y lo curioso es que esto cambia en los diversos aspectos de nuestra vida.

Puede ser que en nuestro trabajo seamos súper exitosos, que seamos capaces de tomar todo tipo de decisiones y en nuestro círculo de amigos nos consideren una persona muy libre, muy capaz de manejar su vida de la mejor forma, pero tan pronto como entramos en una relación de pareja importante, parece que se abriera un inmenso agujero dentro de nosotros y sintiéremos que necesitamos a esa persona hasta para respirar. Y nos aferramos a la creencia de que no podemos seguir adelante sin ella en nuestras vidas, si él o ella se va, preferimos morir.

O quizá pase lo contrario, que tengamos muchas ganas de estar en pareja, que anhelemos conocer a una persona especial que sea nuestra alma gemela, así buscamos y conocemos a alguien que nos encanta, esa mujer o ese hombre maravilloso con quien ahora si funcionará.

Inicia la historia y en apariencia todo marcha perfectamente o al menos por un tiempo hasta que empezamos a sentir que cada vez que estamos con esa persona algo se aprieta dentro de nosotros. Se nos va la respiración, nos da como taquicardia y reconocemos esa sensación: control, control. Control. La alarma suena dentro de nosotros y la idea de enlistarnos en la legión extranjera de pronto se vuelve muy atractiva.

Estos son los miedos de nuestra parte emocional infantil que, sin darnos cuenta, se mueven en nuestras relaciones. Al hablar de este tema en los talleres, explico que cuando conocemos a esa persona increíble, nuestros niños interiores se ponen felices, como si pensaran: "Al fin encontré a mi papá ideal, el que me va a rescatar de mis miedos y mi soledad." "Esta mujer sí es mi mamá amorosa y me va a dar todo lo que quiero, y además no me controlará." Nos perdemos en las proyecciones positivas –de las que hablaremos en el siguiente capítulo– y le ponemos atributos a la otra persona que ni siquiera sabemos si realmente los tiene. La vestimos de todo esto que nosotros necesitamos. La convertimos en el "buen padre o buena madre" y nosotros jugamos el rol. En un inicio, somos todo amor y complacencia: "Sí mi amor, por supuesto, vete con tus amigos a ver las carreras, yo aquí me quedo horneando ese pastel que tanto te gusta", "claro que voy contigo a ver a tu familia este fin de semana, corazón. De hecho, déjame hablarle a los cuates y cancelar el partido de futbol".

Todos sabemos muy bien cómo estas actitudes van cambiando con el tiempo.

Al principio ambos nos fundimos con el otro, ¿por qué no, si es una delicia? Ese estado de enamoramiento, de intoxicación amorosa es increíble. Casi no se toca el suelo, no importa si nos regaña el jefe por estar soñando con ojos de borrego a medio morir, en vez de terminar el reporte que nos pidió. Si mi mejor amiga se enoja conmigo, es mejor porque así no me llama y no interrumpe este maravilloso idilio. Pensamos y sentimos que somos los más afortunados del mundo, vemos otras parejas que están en problemas o están por terminar su relación y creemos que eso nunca nos sucederá a nosotros. Esto sí es amor.

Siempre hay uno que sale primero de este estado de simbiosis. Ya no envía miles de mensajes al día y cuando la otra persona los manda, no responde dentro de una milésima de segundo como solía hacerlo. Claro, la persona que sigue en la simbiosis, por así decirlo, empieza a creer que algo está mal, que el amor se muere. Entra en los miedos de la personalidad dependiente: abandono, rechazo, separación. Al detonarse sus miedos, se detonan conductas tales como suplicar, buscar, incluso asediar a la otra persona, rogarle, llorar, exigir, demandar.

A su vez a la otra persona, el anti dependiente, también se le detonan miedos de ser controlado, absorbido, presionado y empieza a alejarse, evitando confrontaciones y acercamientos.

EMPECEMOS POR EL PRINCIPIO PARA ENTENDER QUÉ SUCEDE

Al nacer, cada uno de nosotros alberga dos grandes impulsos que nos mueven: el amor y la libertad. Sin embargo, estos impulsos han sido tan lastimados y violentados desde nuestra infancia y, paradójicamente, se han convertido en obstáculos para nuestras relaciones con los demás, en especial en las relaciones de pareja.

Estas heridas, estas experiencias, son filtros de visión, que nos impiden ver lo que sucede de verdad con uno mismo y con el otro (u otra). Este tema lo traté en el segundo capítulo, cuando me referí a los trances causados por las heridas. Vemos, así, nuestras relaciones a través de unos lentes pintados por nuestras experiencias.

Continuamente nos enredamos en conflictos, reclamos y estrategias que se vuelven una lucha eterna de poder que nos aparta más y más del amor e intimidad que tanto deseamos y necesitamos. Pero también nos aleja de la verdadera libertad, producto de una conciencia superior, no de las estrategias que adoptamos para crearnos una "falsa independencia".

Cuando establecemos una relación importante, traemos con nosotros nuestras heridas sin percatarnos de ello. Normalmente, no estamos conscientes de ellas ni sabemos cómo enfrentarlas o cómo manejarlas, porque por años han permanecido enterradas, debajo de nuestras defensas. Y, al momento en que nos enamoramos, bajamos las barreras, las murallas que erguimos como defensa de nuestra parte vulnerable y, así, surgen las heridas.

Esto puede ser algo muy doloroso, por eso cuesta tanto trabajo abrirse a nuevas relaciones, pero si entendemos el proceso, las relaciones se transforman en una gran herramienta de crecimiento.

Cuando nos abrimos al amor, la puerta del inconsciente también se abre de modo que emergen las heridas profundas. El tiempo del amor es el tiempo perfecto para verlas e iniciar el proceso de sanación interior. Si elegimos ignorar lo que pasa dentro de nosotros y preferimos culpar al otro o quejarnos de los demás, no habrá sanación, no habrá crecimiento, sino un bloqueo perene. Pero si decidimos enfrentar lo que nos constituye, en ese momento, la relación puede volverse una gran forma de irnos sanando.

Ahora bien, hablaré de dos heridas cuando nos abrimos al otro.

ABANDONO Y ENGULLIMIENTO

Con frecuencia, una es más fuerte que la otra, pero siempre llevamos ambas adentro. El abandono es una sensación de obtener lo que se necesita en la vida: conexión, apreciación, cercanía, caricias, seguridad. Algo falta: el amor. Ese abrazo energético donde el individuo se siente amado. El abandono es una herida muy profunda, un hambre, una sed interna. Este trauma, causado los primeros años de vida, creará en nosotros una dependencia extrema hacia personas externas. Nuestro niño interior necesita apoyo, amor y, en esa inmadurez emocional, buscará afuera y tomará la personalidad del dependiente.

La segunda herida también nace en la infancia. El engullimiento surge de un trauma creado por la falta de respeto de los padres y los cuidadores más significativos. Se adopta de los padres y de otros adultos que lastimaron el impulso natural de respetar la individualidad. La sensación que deja es que la otra persona interferirá con mi libertad. Cuando oigo la frase "te amo", lo que escucho es "quiero controlarte, quiero poseerte, te quiero engullir."

Este trauma nace de un padre o una madre que quiso satisfacer sus necesidades emocionales a través del hijo. Padres sobreprotectores, dependientes emocionales o adictos, en un ambiente donde imperaban los miedos. Muchas reglas inflexibles, tradiciones inamovibles. Moralidad, religión, culpa. Si fuiste un niño a quien le impusieron muchas responsabilidades es muy problable que sufras de engullimiento. Este trauma nos lleva a adoptar la personalidad del antidependiente.

Para combatirlo, es necesario realizar un profundo trabajo de terapia y autoindagación para sanar estas heridas y así salirnos de cualquiera de estos patrones. Enfrentar nuestros miedos y aprender a abrirnos poco a poco a una relación sana y madura.

El siguiente cuestionario, proveniente del libro *Cara a cara con el miedo*, de Krishananda Trobe, es una excelente forma de saber si, en este momento de nuestras vidas estamos más en el papel del dependiente o del antidependiente. Es un trabajo necesario para conocer nuestros miedos profundos, pero debemos hacerlo con respeto y considerando que se trata de estrategias, de formas que aprendimos de niños para llenar necesidades que no estaban siendo satisfechas, esto no es lo que en realidad somos. Y, por lo mismo, no debemos juzgar nuestras conductas, sino observarlas de manera amorosa y buscar la forma de crecer más allá de ellas. Además, es importante mencionar que esto cambia siempre: hoy podemos actuar de una forma muy dependiente y mañana irnos al otro extremo.

Conducta *antidependiente.*

- ♡ ¿Tienes miedo de perderte en el otro? ¿Si te enamoras, ya no sabrás quién eres o qué quieres? ¿Tienes miedo de que abusen de tu amor? ¿Miedo de abrir tu corazón porque si lo haces la otra persona se colgará de ti? ¿Miedo de que tendrás que hacerte cargo de la otra persona?

- ♡ ¿Sientes que necesitas espacio para encontrarte, para que nadie te presione, para explorar tu creatividad y tu silencio? ¿Tienes miedo de que te abrumen, de que no puedas respirar si dejas que alguien entre en ti?

- ♡ ¿Sientes irritación y enojo cuando las expectativas de otros están sobre ti? ¿Sientes enojo por no querer vivir de acuerdo con sus demandas y expectativas? ¿O enojo porque piensas que la otra persona no desea tomar responsabilidad de su propio dolor?

- ♡ ¿En un nivel más profundo, sientes que nunca serás comprendido y que si te abres abusarán o te manipularán o incluso te rechazarán? ¿Sientes esta gran desconfianza dentro de ti, como si tu niño interior tuviese hambre de amor, pero temiera ser traicionado y abusado?

Conducta *dependiente.*

- ♡ ¿Esperas que llegue la persona ideal, alguien tan sensible como para amarte y abrirse a ti? ¿O sientes una profunda desesperanza o tristeza de que nunca conseguirás el amor?

- ♡ ¿Podrías renunciar a tu dignidad y a tu poder por la otra persona, por miedo a que te rechace, abuse o te avergüence?

- ♡ ¿Sientes pánico de perder el amor de tu pareja?

♡ ¿Te sientes frustrado por nunca lograr lo que deseas? ¿Enojo porque te han dejado afuera una y otra vez? ¿Tienes la sensación de que cada vez que te abres, la otra persona se aleja una y otra vez? ¿Te da coraje la manera en que tu pareja te engancha, pero nunca se queda?

♡ ¿Tienes la sensación de no merecer el amor? ¿Que no mereces ser amado de forma que te permita relajarte y ser nutrido?

Lo sepamos o no, todos estos miedos los llevamos en nuestro interior. Quizá por allí alguien no los sienta, si es así, será porque tuvo en casa padres sensibles y resueltos que le enseñaron a lidiar con sus miedos y estuvieron allí para apoyarlo, amarlo incondicionalmente y guiar sus pasos de manera firme y amorosa. No es mi caso, no el de la mayoría, por eso es tan importante entender cómo nuestros miedos nos controlan y manejan diferentes aspectos de nuestra vida. El propósito es tan sólo reconocer cómo, al no aceptar nuestros miedos, boicoteamos nuestras vidas.

Si negamos nuestros miedos a la intimidad, a la cercanía, a que nos rechacen si nos abrimos y a todo lo que tiene que ver con relaciones íntimas y profundas, es posible que estemos perdiendo algo precioso:

♡ *Al negar nuestros miedos, no será seguro para otra persona abrirse a nosotros. Nuestro miedo reprimido se mostrará como juicios, ira, irritabilidad, crítica o cinismo hacia la otra persona o hacia la vida misma. Nos estaremos privando del verdadero amor.*

♡ *Al negar nuestros miedos, buscaremos culpar a la otra persona o a situaciones externas y podemos fácilmente terminar amargados y frustrados.*

♡ *Cuando negamos nuestros miedos, nos cortamos de la vida y de nuestra energía vital. No nos permitimos abrir esa parte profunda, sensible y vulnerable.*

♡ *Cuando negamos nuestros miedos, podemos fácilmente volvernos personas duras, compulsivas, demandantes, exigentes, impacientes, cerrar el corazón o escondernos detrás de conductas adictivas.*

♡ *Cuando negamos nuestros miedos, éstos se mostrarán en nuestros cuerpos. El miedo no reconocido y no trabajado se manifiesta atacando nuestro sistema inmune, nuestra energía y nuestra motivación por la vida (Peter Levin). Cuando no tenemos una aceptación amistosa de nuestros miedos, tampoco tenemos una buena relación con la parte sensible. Y si no tenemos una forma fluida de lidiar con esos miedos, no tendremos una relación sana con otra persona, con el amor mismo, que implica precisamente ser sensible no sólo a mis miedos propios sino a los miedos de la persona que está conmigo.*

Krish Trobe

No quiero dejar el tema de los miedos sin tocar uno de los más fuertes en nosotros: el miedo al rechazo.

Recuerdo que a los quince años, Guillermo, mi novio de entonces, me cortó después de casi dos años de relación (para una adolescente, dos años son demasiado tiempo). Esa noche me encerré en el baño, no quería que nadie se enterara porque, además, mis padres, por mi edad y dado que él era mayor, me habían prohibido esa relación. Lloré como nunca antes, lloré toda la noche y, para la hora del amanecer, me prometí que ningún hombre volvería a abandonarme. Y, de alguna manera, así ha sido. Hasta hace poco tiempo, yo era la que me iba. Cada vez que pensaba que la otra persona no estaba ya contenta, que veía algún comportamiento que señalara el mínimo indicio de desinterés o molestia, no me quedaba a averiguar, sólo me iba. Por años, éste fue mi comportamiento en las relaciones. Siempre buscaba pretextos, justificaciones, cualquier cosa que, según yo, explicara por qué me *tenía* que ir de esa relación.

Muchos años y muchas relaciones rotas después, conocí a un hombre del cual me enamoré profundamente. Él vivía en otro país y aunque nos escribíamos diario y nos visitábamos por temporadas, desde el inicio yo sentía un terror profundo de que se fuera, de no ser suficiente, de no ser merecedora de su amor. Día a día vivía con estos miedos, me despertaba y me acostaba con ellos. Cuando me escribía o nos veíamos, me tranquilizaba un poco, pero esta paz duraba poco. Continuamente regresaba el terror de perderlo, una gran angustia se manifestaba en mi cuerpo, como una sensación muy molesta en el plexo solar. Al mismo tiempo, experimentaba una gran necesidad, un vacío que se semejaba a un hoyo profundo y oscuro donde sentía que caía si él no estaba conmigo. Por fortuna, llevaba años trabajando en mis heridas de infancia, así que aproveché esto que estaba sucediendo para ir más profundamente. Reconocí mi herida de abandono, la relación de un hombre distante, no sólo en lo físico sino en lo emocional; esta herida tan escondida fue detonada. Me había prometido que no volvería a sentir esa herida al huir de las relaciones y, sobre todo, de la intimidad con alguien, ante mi terror de experimentar el dolor una vez más. Pero la vida es así y aunque corrí y corrí por años, me alcanzó.

La herida estaba abierta y dolía casi como el primer día. Provocaba en mí todo tipo de pensamientos negativos hacia mi persona y hacia la relación. Pensamientos que me guiaban a conductas dañinas como: nunca poner límites, aceptar todo en silencio, no atreverme a decir nada por miedo a que esa persona se enojara y se fuera para siempre. Y, en esta ocasión, mi necesidad por estar con ese hombre era tan grande que ni siquiera contemplé la posibilidad de huir como lo hice tantas veces.

Al final él se fue. Cuando estábamos iniciando una vida como pareja, sin grandes explicaciones, dejó una pequeña nota de despedida. Salió de mi vida, tan inesperadamente como cuando llegó. Aún no sé cómo sobreviví ni cómo pasé ese día sin enloquecer. El dolor era tremendo, no podía respirar, sentía que iba a morir. Mi miedo más grande se había materializado. Pasaron muchos días así, lloraba todo el día, detenía el llanto cuando tenía que impartir un taller o alguna clase, y de regreso, me encerraba en mi cuarto, veía a la ventana, imaginando que en algún momento volvería.

Hoy, en retrospectiva, gracias al trabajo personal que emprendí todo este tiempo, agradezco que haya sucedido la separación porque me permitió entrar en lo profundo de mi herida, vivirla, aceptarla, darle un espacio y, finalmente, poco a poco, sanarla.

Lo que viví me llevó a indagar cuál había sido mi rol en esta historia. Estaba tan ocupada en ser la mujer perfecta para él, en saber qué quería, qué necesitaba, cómo hacer que me quisiera, que nunca vi lo que pasaba en la relación. Ignoré las señales de mi cuerpo que, desde un inicio, me gritaban que algo estaba mal. No me escuché. Ésa fue mi gran lección.

Por meses busqué una explicación. Sus correos eran muy erráticos, no tenían sentido. Tiempo después, él me pidió volver, sin darme una explicación lógica sobre lo que había pasado. Esa vez respondí que no, que ya no necesitaba entender, pero, paradójicamente, fue cuando me explicó todo. La lección de esta experiencia fue valiosa y con eso me quedé.

En mi vida, el miedo al rechazo ha sido tan fuerte que me convertí en una verdadera antidependiente. Siempre lista para huir a la menor señal de un posible rechazo. Por fortuna, me di cuenta de este profundo miedo y pude trabajarlo, de hecho, empecé a hacerlo antes de esta historia rota. No es lo mismo experimentarlo en ejercicios de taller que en la vida propia. Yo quería abrirme y la vida me puso en la situación para ello y, no sólo esto, me regaló la experiencia de vivir lo que más temía. Al final de todo sobreviví y aprendí mucho de mí. Y aunque después me tocó vivir otra experiencia dolorosa, hoy me siento con una fuerza nueva que no tiene nada que ver con la dureza que había construido alrededor, pretendiendo protegerme.

Hoy sé que, a pesar de que no hay garantías y hay riesgos siempre que nos abrimos al amor, escucharé mi sabiduría interna y ésta me ayudará a quedarme en mi centro y no perderme en mis deseos de complacer y ser vista.

Estas experiencias de rechazo me permitieron sentir y sanar mi vergüenza, entrar en mi herida de abandono, cosas que, aunque intelectualmente era consciente que tenía, usaba todo tipo de estrategias para no sentir. La cuestión es simple: si no lo sentimos, no lo sanamos.

El tema de la herida de abandono, tratado extensamente en el segundo capítulo, es la causante de que con frecuencia sintamos que no nos quieren, que no nos ven, que no nos aprecian y que nadie nos apoya. Esta herida causa el miedo a abrirnos a cualquier experiencia que implique un riesgo de rechazo.

Quizá muchos de nosotros ni siquiera consideramos que contamos con una herida de abandono de la infancia. Pero si observamos las conductas que producen estas heridas (más abajo), tal vez podamos darnos cuenta de que todos, en menor o mayor grado, vivimos algo de lo arriba descrito. Y aún de adultos, nuestra herida se detona ante situaciones y personas de nuestras vidas presentes. Podría sonar irracional para nuestro pensamiento lógico, pero en realidad las emociones y los recuerdos de experiencias dolorosas archivadas en nuestro inconsciente no son racionales. Y como todo el material emocional que guardamos en lo profundo, mientras no lo traigamos a la luz de la conciencia, no hay posibilidad de sanarlo.

Parte del problema de reconocer nuestra herida de abandono y rechazo es que para muchos esto no tiene sentido, ya que los padres estaban al menos físicamente.

Esta lista extraída del mencionado libro de Krish y Amana Trobe, nos muestra situaciones en las que hubo negligencia o abuso por parte de los padres y que son las que crean esta famosa "herida de abandono".

EXPERIENCIAS PASADAS DE ABANDONO

¿Qué es lo que se activa cuando recibimos un rechazo o perdemos a alguien en nuestras vidas presentes? Algunos de los sentimientos y recuerdos escondidos que despierta son:

1. No nos sentimos bienvenidos cuando éramos niños.
2. Un padre murió o se enfermó mental o físicamente cuando éramos jóvenes.
3. Nos sentimos abandonados en las formas en que nos cuidaban y nos amaban.
4. No percibimos la sensación de ser especiales y únicos.
5. Fuimos abusados físicamente.

6. Fuimos abusados sexualmente.

7. Nos sentimos controlados, poseídos o, emocionalmente, manipulados por uno o ambos padres.

8. Fuimos humillados, criticados, presionados o juzgados, en casa o en la escuela.

9. Uno o ambos padres eran alcohólicos o abusaban de alguna sustancia.

10. Uno o ambos padres estaban deprimidos, eran muy enfermizos, represivos o crónicamente negativos acerca de la vida.

11. Uno o ambos padres abandonaron a la familia.

12. Fuimos criados en una comunidad o familia en la cual carecimos del cuidado personal de uno o ambos padres.

13. Nuestros padres se divorciaron.

14. Alguno de los padres tuvo una relación amorosa en secreto.

15. Nuestros padres estaban peleando todo el tiempo, ya sea activamente o en silencio.

16. Nos condicionaron a cumplir un rol en la familia en vez de ser apoyados para ser nosotros mismos.

17. Tuvimos que hacernos cargo física o emocionalmente (o de las dos) de alguno o de ambos padres o de hermanos.

18. Cargamos con las expectativas de uno o los dos padres de ser exitosos o ser "algo o alguien".

19. Tomamos demasiada responsabilidad muy temprano y no tuvimos tiempo de jugar como los niños que fuimos.

20. No nos pusieron límites, faltó estructura o no nos enseñaron a cuidar nuestro cuerpo, nuestros sentimientos y nuestro espacio personal.

21. No nos enseñaron cómo escuchar nuestra intuición.

Aun leyendo esta lista, para muchos será difícil reconocer que sí hubo negligencia y abuso de parte de los padres, aun si esto fue inconsciente, ya que de seguro ellos también experimentaron situaciones similares o peores cuando eran niños. Es una cadena.

Para reconocer el mismo abuso actualmente, necesitamos ser honestos y entender que estuvo mal haber sido tratados así. Si no lo hacemos, si seguimos mistificando nuestra infancia e idealizando a nuestros padres y sus conductas con nosotros cuando éramos niños, perpetuaremos este abuso, permitiéndolo de otros hacia nosotros y repitiéndolo con nuestros propios hijos u otras personas.

Como ejemplo de esto mencionaré a un amigo, llamémosle Enrique. Enrique tuvo a un padre abusivo y violento, pero él lo adora, aún ya muerto, lo recuerda como una persona muy trabajadora, de mal carácter sí, pero que hizo todo para darles lo mejor. Enrique ha sido agresivo con sus hijos, al grado de pelear a golpes con uno de ellos varias veces e insultar a su hija. Pero, aún así, se ve como un buen padre, buen proveedor que, además, les inculcó valores y los llevaba a la iglesia, de la misma manera que su padre hizo con él. Enrique es alcohólico y cuando toma, suele ponerse muy violento de palabra. Y cuidado si alguien dice algo de su padre, porque entonces sí se pone muy mal.

El primer paso en el proceso de sanación y recuperación es que nos ayuden a entender que la experiencia de hoy es la punta del iceberg. Que nos ayuden a hacer la conexión entre el presente y el pasado, conectando el detonador con la fuente.

—Krish y Amana Trobe

EJERCICIO

Tómate un momento para recordar un evento reciente en el que hayas experimentado rechazo. Y escribe:

- ¿Cómo te sentiste, qué emociones surgieron?
- ¿Qué pensamientos te provocó esa experiencia? (hacia ti y hacia la otra persona.)
- ¿Qué comportamiento/conducta tomas en este tipo de situaciones? (te justificas, te colapsas, reaccionas atacando, justificándote, tratas de complacer a la otra persona, te alejas y buscas alguna sustancia que calme tu sistema nervioso, etcétera).
- ¿Recuerdas alguna experiencia similar en tu pasado, en especial en tu infancia?

En las garras del niño interior

JAMES DEAN CONOCE A LA PRINCESA CROISSANT

Siempre he sido una persona que disfruta vestirse de forma casual, me gusta usar botas, mezclilla, cinturones tipo Harley. Me gusta usar gabardinas o chamarras de piel. Jamás pandroso o mugroso, aunque sí me gusta el estilo tipo motociclista. Limpio, pulcro, pero con estilo casual. Ya lo sé, tengo 50 años, ya no soy el adolescente rebelde, pero es mi estilo y me gusta. Creo que va con mi personalidad.

Cuando conocí a mi ahora ex, así me vio desde el inicio. Jamás pretendí cambiar mi estilo para impresionarla o pretender ser alguien que no soy; simplemente es mi estilo para vestir. Durante los dos meses de relación pensé que ella estaba de acuerdo con esto. Todo empezó la primera vez que ella me regaló muy amablemente una chamarra y unas camisas. El gesto me pareció maravilloso, máxime porque era ropa cara, de una tienda elegante en la Ciudad de México. Disfruté muchísimo el regalo, en particular por las camisas, pero la chamarra no era mi estilo; era una chamarra que, aunque era muy bonita, no venía al caso con mi personalidad y, cuando me la puse un par de veces, me sentía incómodo. Al verme al espejo el atuendo no correspondía conmigo. Obviamente, dejé de ponérmela y usaba una gabardina que había comprado unos meses antes en un tianguis y que me fascinaba; me sentía muy cómodo con ella, era totalmente mi estilo.

Un día regresé de un viaje y bajé del autobús con mi gabardina. Mi ex estaba esperándome en la estación... Pero cuando me vio con esa gabardina y no con la chamarra que ella me había regalado, hizo un gesto extraño y me cuestionó la decisión de haber elegido la primera y no la segunda. Sinceramente, no le di mucha importancia, sólo respondí que me sentía más cómodo con la gabardina, lo cual era cierto.

Ahí empezó el conflicto. Unos días después me dijo que quizá debía tirar mis botas. ¡Mis preciosas botas! Acto seguido, me trajo unos zapatitos tipo hípster, mocasines con campanitas, los cuales jamás me puse, por supuesto. Después cuestionó mis pantalones de mezclilla, argumentando que debería usar pantalones más formales, de vestir... Yo soy ingeniero, trabajo en casa y veo a mis clientes por Skype, o sea ¿para qué quería que usara Dockers con pincitas? ¿Para que hicieran juego con los mocasines sin calcetín?

También sugirió que cambiara mi cinturón porque la hebilla con el alacrán no era propia para un hombre de mi edad... Unos días más tarde me dijo que la cadenita antirrobo de mi cartera era inapropiada y que sus amigas opinaban que no venía al caso (cosa que no fue cierta, me enteré después). ¡Que debería cortarme el pelo, rasurarme la barba de cinco días, que esto, que aquello! Quería convertirme en un niño bien, con suéter de cachemira amarrado al cuello, pantalones beige Dockers y camisita rosa Lacoste... Y, cada vez que podía, no paraba de decirme todo en contra de mi apariencia.

Un día, harto de escuchar esta cantaleta, me paré frente a ella y le dije: "Mira (nombre omitido), mírame bien, fíjate quién soy y mi estilo de vestir; mi pelo, mi barba... Así me conociste y así me aceptaste. Obsérvame y dime con sinceridad: si en diez años siguiera viéndome tal como me veo, ¿aún seguirías a mi lado?"

1, 2, 3, 4, 5… Conté cinco segundos y no respondió. Para mí, ése fue un rotundo "no", así me quedó claro que no me aceptaría. Tendría que vestirme tal como ella quería, ser un hombre refinado y elegante. Y no nada más era la ropa, no. Llegaba a mi casa y ordenaba mis macetas, quería quitarme cuadros y poner los que ella consideraba de "buen gusto"; también quería que dejara de comer ciertas cosas, que dejara de beber cerveza, que dejara esto, que cambiara aquello…

Entonces, ¿de qué se trataba? ¿De que dejara de ser yo para ser la persona que ella quería? ¿Por qué andaba conmigo, por qué no buscaba un hombre que se amoldara a sus deseos? ¿Por qué cambiarme? ¿No era tan bueno para ella?

Obviamente, todo se fue al demonio. Hasta el día de hoy, dos años después, me sigue odiando con todo su ser, habla pestes de mí en todo momento y con quien sea tan tonto como para escucharla. Claro, el malo de la historia fui yo.

Alex

El concepto "niño o niña interior" se ha vuelto muy popular. Muchas personas se refieren a su parte emocional inmadura con este nombre. Hoy es común escuchar acerca de las heridas, en sus diferentes modelos. En este libro justamente hablo sobre estos traumas y explico cómo, a pesar de haber sucedido en el pasado, siguen afectando. Ya lo expliqué ampliamente en los capítulos anteriores. El miedo, la vergüenza, la angustia que llevamos dentro. Me parece muy adecuado e importante mencionar que la parte tierna, lastimada, vulnerable, tiene un aspecto caprichoso, pues se siente con derechos de tomar y exigir. Esto puede ser muy complicado de manejar si no lo conocemos.

La parte que quiere y lo quiere ¡¡¡ya!!! Como un niño pequeño que va por la tienda con su madre, ve un juguete y lo quiere. La madre, con el carrito lleno, quiere irse a casa, quitarse los zapatos y descansar. El niño insiste, la madre le dice que no: "Después, hijo, no traigo dinero, cuando venga tu papá." Todo suena a bla bla, bla, bla para ese niño, para quien lo único importante es que le compren el juguete. El niño se tira al suelo, arma un gran berrinche, llora, patalea y hasta deja de respirar. Sabe que ésa es la forma en que se saldrá con la suya y hará que su madre le compre el juguete. Y, claro, la madre angustiada por la escena, avergonzada ante los demás adultos que la miran esperando a que haga algo, acaba por ceder y comprar el juguete. ¡Lotería para el niño! El antecedente ha sido establecido. Ahora, cada vez que la madre ceda para evitar escenas, el niño reforzará esta conducta, aprenderá que es una estrategia que funciona.

Así es nuestro querido niño interior. Las formas de llenar sus necesidades son una réplica de lo que hicimos de pequeños para lograr al menos algo de lo que necesitábamos y no se nos dio de manera natural. Tuvimos que aprender a usar estrategias para controlar el exterior. En este capítulo hablaremos acerca de estas estrategias, pero antes de entrar de lleno en el tema, hablaré un poco de lo que es vivir como adultos en manos de esta parte emocional.

Imagina que vas en un carro a toda velocidad, pero tú no vas al volante, el que maneja es un niño, tú vas atrás cogido hasta de las uñas de los asientos. Este carro es tu vida, el niño que maneja es tu parte emocional y tu parte adulta, medio consciente –si fuera muy consciente no iría en el asiento de atrás– es la que va sentada sin saber qué hacer.

EL HORROR DE VIVIR DESDE LAS EMOCIONES

Imagina que las emociones son como olas. Tú vives en ese océano, estás nadando y, de pronto, llega una ola muy alta que te toma, te alza, te revuelca y casi te ahogas, sales con trabajo y recuperas la calma, pero entonces viene una corriente fuerte y te arrastra, así que tomas el cuello de la primera persona que ves cerca de ti. En tu afán de salir del agua, manoteas, la hundes, la rasguñas, te lastimas y así te la pasas, una y otra vez. Ésta es tu vida, así la vives desde las emociones.

La mayoría somos tan inconscientes de lo que sucede dentro de nosotros, de cómo ciertas personas, ciertas palabras, ciertas situaciones detonan un cohete dentro de nosotros y, antes de darnos cuenta, explotamos, armamos un súper pancho, creamos un drama al estilo Libertad Lamarque, montamos todo un teatrito y, luego, nos extraña que las personas nos eviten, que las parejas se vayan, que los amigos no nos inviten.

Como algunas otras culturas, los latinos somos emocionales, actuamos llevados por nuestros tsunamis emocionales. Si hay enojo, explotamos contra todos como si nos la debieran, pues *alguien tiene que pagar por cómo me siento*. En un momento podemos sentirnos eufóricos, pensar que la vida es hermosa y sonreír pero, luego, el novio no responde el mensaje, no nos llama, alguien dice algo que nos molesta, entonces explotamos y creamos un inmenso drama en el cual nos sentimos las víctimas. En este sentido somos un poco bipolares.

AHORA BLANCO, AHORA NEGRO

Es normal que unas veces estemos más alegres o animadas que otras. También es normal sentir enfado cuando las cosas no salen como nos gustarían. El problema no son las emociones, sino la parte inconsciente de ellas, esa parte emocional que no ha madurado y que se ha vuelto el tirano de nuestra vida.

En principio, las emociones nos ayudan a protegernos y a crear un ambiente seguro donde expresar y satisfacer nuestras necesidades. Las emociones son el lenguaje de las necesidades; por medio de ellas, sabemos si están o no satisfechas. Por ejemplo, si mi necesidad de compañía está satisfecha, me sentiré contenta. Si no es así, me sentiré triste y sola.

Cuando nos dejamos llevar por las emociones de manera excesiva, se crean conductas que, en vez de solucionar la situación que las detonó, originan más problemas.

Ese péndulo emocional es lo que conocemos como inestabilidad emocional, esos altibajos en nuestro ánimo sin motivo aparente o por causas que no ameritan tanto drama. Esto también es lo que, en mi trabajo, defino como nuestra parte emocional infantil, el equivalente al niño interior. Como parte inmadura que es, no tiene mucho espacio para contener la emoción adentro, como los niños.

Un niño no tiene autocontención, eso se va aprendiendo. Pero fue imposible aprender esto en casa. Si nuestros padres u otros adultos que nos cuidaban eran explosivos, reactivos o se evadían cortando la emoción, eso fue lo que aprendimos del manejo de emociones. Recordemos que los niños aprenden lo que hacen los adultos, no lo que los adultos les dicen que hagan.

En suma, podemos decir que un adulto emocionalmente inmaduro es una persona dominada por su niño interior y por la parte herida, está viviendo su vida desde un trance —tal como se explicó en el segundo capítulo—. Ésa es la realidad que está viviendo.

CARACTERÍSTICAS DE PERSONAS EMOCIONALMENTE INMADURAS

- ♡ Les cuesta trabajo separar las diferentes áreas de su vida, es decir, si hay conflictos con la pareja, los trasladan al área laboral y así en todos los demás ámbitos.
- ♡ Suelen ser dependientes e inseguros. Necesitan colgarse, apoyarse de muchas personas; si alguno les falla, se sienten perdidos y se llenan de negatividad.
- ♡ Estas personas tienen muy bajo umbral de tolerancia a las frustraciones, tienen poco o nulo contacto con sus propios recursos en caso de que las cosas no salgan como desean.

La diferencia entre las personas estables y las inestables es la facilidad con que estas últimas oscilan entre la alegría y la tristeza, el temor y la expectación, la aceptación y el rechazo, la sorpresa y la ira. Los cambios de ánimo en estas personas pueden ser radicales, lo que provoca un estado continuo de ansiedad.

El psicólogo Robert Plutchik, profesor del Albert Einstein College of Medicine (Estados Unidos), señala tres elementos que son causa de que las personas no maduren con la edad:

- ♡ Una educación poco acertada. La sobreprotección familiar predispone a la inestabilidad. Un niño acostumbrado a llamar la atención y conseguir lo que quiere y cuando lo quiere, tiene garantizada una tendencia a exagerar sus reacciones.
- ♡ El tránsito traumático hacia la madurez personal. La adolescencia es un capítulo difícil en la vida de todo ser humano. Tener que afrontar las responsabilidades de la vida adulta,

con sus éxitos y fracasos, hace que muchos se queden anclados en la inmadurez.

♡ La búsqueda constante del ideal. A menudo se da de manera inconsciente y suele derivar de una educación basada en perseguir el perfeccionamiento y la excelencia en todo. Una infancia colmada de críticas es uno de los grandes fallos.

*Fuente: Extracto del artículo 8 "Factores de la inestabilidad emocional", de Mariana Peña.

EXPLORANDO LAS CONDUCTAS DE NUESTROS NIÑOS EMOCIONALES

Un niño es naturalmente reactivo porque no tiene espacio para contener el miedo o el dolor. No tiene espacio para diferir la gratificación o tolerar la frustración.
—Krish y Amana Trobe, *Stepping out of Fear*

Me queda claro que soy pez de aguas profundas, me gusta mucho entrar en mi mundo interno e indagar, aprender, entender en lo posible mis estados emocionales. Sobre todo, cuando descubro alguna conducta inmadura y me doy cuenta de que estoy actuando desde mi capa de protección.

Reconozco que estoy a la defensiva cuando corto la respiración, señal inequívoca de este estado de protección; la respiración se vuelve superficial y mi plexo solar se tensa, con otras partes del cuerpo, literalmente el cuerpo se prepara para atacar.

Más adelante, en el capítulo 7, hablaré de los bloqueos emocionales en el cuerpo humano y explicaré lo que significa desbloquear esas emociones atoradas y cómo esto nos permite liberar energía, sanar heridas, vivir la vida más en el aquí y ahora y no reaccionando desde el pasado.

En este trabajo, apoyada en la enseñanza del Learning Love Institute y otras escuelas y tradiciones, he entendido que alzo una barrera y reacciono, aunque sienta dolor, miedo, ira, es decir, aunque mi lado vulnerable lastimado esté fuera de mi mente. El problema es que, casi siempre cuando esto sucede, el proceso es inconsciente y, por lo mismo, las conductas reactivas gobiernan nuestras vidas y no nos permiten ver lo que pasa en lo profundo. En pocas palabras, caemos en las garras de nuestros niños interiores, les permitimos que manejen el carro de nuestras vidas.

Para vivir de manera más abierta, placentera, satisfactoria, necesitamos entender esas conductas reactivas, comprender cómo esta parte del niño emocional cumple una función tan importante en el caos que creamos en nuestras relaciones, aun queriendo hacer lo contrario. Aquí hablaremos de límite, esa palabrita tan mencionada en estos años, pero que rara vez entendemos.

En lo profundo, están todas nuestras heridas y los traumas que guardamos desde pequeños, los cuales nos hacen ver la realidad de cierta forma. A pesar de que somos adultos y, por ende, vivimos en cuerpos adultos; en cada uno de nosotros hay aspectos emocionales totalmente infantiles. Estos aspectos pueden estar escondidos debajo de capas y capas de compensación; por ejemplo, si tenemos mucho miedo a ser violentados, quizá nos volvamos personas violentas para compensar el terror de nuestra parte infantil.

EL NIÑO EMOCIONAL EN ACCIÓN

Estas son algunas acciones y conductas que manejan nuestra vida cuando estamos en manos de nuestro niño emocional:

Imagina que una niñita entra en este momento y te pide que vayas con ella a jugar. Tú no puedes, estás ocupada.

Hay una parte de nosotras que es justo así, un espacio donde no existe concepto del mañana, al cual no le gusta esperar, no tolera frustraciones. Esta parte no puede cambiar la gratificación del placer a otro momento porque no cree que haya otro tiempo. Y no tiene espacio interno para lidiar con la incomodidad. Para cada uno, nuestra conducta puede ser un poco diferente, pero la experiencia profunda de falta de espacio interno es muy parecida para todos. Esto es lo que llamamos "un estado mental del niño herido" o "niño emocional". En este estado de conciencia no tenemos la habilidad de estar con lo que es, de estar presente y contener la experiencia. Estamos como en un trance de miedo, de desconfianza y de inseguridad. Esos miedos nos llevan a reaccionar, a ser impulsivos y a estar moviéndonos o congelados en un profundo shock.

Y cuando estamos allí, no nos damos cuenta de que hay algo más allá además de este trauma o complejo. Nos identificamos con ese niño emocional y no tenemos idea de quiénes somos.

Debido a nuestras heridas de la infancia, casi todos vivimos con miedo, vergüenza y desconfianza. Hemos creado una autoidentidad basada en este niño emocional, pero estas cualidades no son parte de nuestra verdadera naturaleza, se han instalado como resultado de nuestro condicionamiento y como resultado de experiencias sobre las cuales no tuvimos control alguno.

Krish y Amana Trobe, *Stepping Out of Fear*

Cuando analizo mi comportamiento en las relaciones, me doy cuenta de que hay dos partes mías: hacia afuera es la forma en que actúo, las máscaras que uso o las conductas que utilizo para no mostrar mi parte más vulnerable. Porque, ¿quién quiere sentirse vulnerable? En mis talleres he preguntado mil veces si relacionamos la palabra vulnerabilidad con debilidad. Y la verdad es que nadie quiere sentirse débil. En esta sociedad la debilidad es un valor poco aceptado, más bien, hay que ser fuertes, temerarios, seguir adelante, no importan nuestros sentimientos: tú puedes, no te rindas, sigue adelante. Y, ¿qué tal si un día no quiero?, no quiero esforzarme y sólo quiero tirarme en la cama y sentir el miedo, la tristeza, lo que sea que está allí. No, eso no lo enseñan. Al contrario. Eso es ser débil.

Más bien, tenemos que sentirnos capaces de lidiar con todo, cualquier situación que la vida traiga, saberlo todo, ser tan fuertes como para no dejarnos caer. Sentirnos poderosos, no débiles e inseguros. ¿Miedos? Primero muerta que confesa (dicho muy popular en mi familia). Además, si me abro, si reconozco mi vulnerabilidad, me van a lastimar de nuevo.

¿Sentir y saberme vulnerable? En esta y en otras sociedades lo que cuenta y se valora es el desempeño y no el sentimiento. Lo que sientas, lo que te está comiendo por dentro debes esconderlo. Déjalo para terapia (eso, si eres de los afortunados que tiene acceso a un proceso terapéutico; sin mencionar a los que no creen en la terapia, aunque jamás la hayan experimentado), porque si estás leyendo este libro, asumo que al menos estás buscando algo que te ayude a estar mejor.

Para sanar, necesito estar consciente de mi vulnerabilidad y dejarme explorar esos sentimientos que he reprimido por años o quizá toda la vida. Además, si no elimino la fantasía de mi niñez, si no reconozco que mi infancia fue imperfecta, una familia imperfecta, unos padres imperfectos, ¿cómo me haré cargo de los vacíos, las carencias, los traumas?

Como dije antes, no se trata de culpar a los padres, o satanizarlos o torturarlos por lo que hicieron o no pudieron hacer. Simplemente honrar lo que sí hicieron, agradecerles y reconocer que muchas veces no recibimos lo que necesitábamos. De aquí en adelante, no es con ellos, es con nosotros. Hay que aprender a darnos lo que necesitamos aquí y ahora. Y con esta idea, exploremos juntos las conductas de nuestros niños emocionales.

CONDUCTAS INFANTILES

Reacciones y control

Juan es un hombre muy reactivo. Observa a su alrededor con gran desconfianza, esperando a que alguien quiera engañarlo: "Piensa mal y acertarás", es su lema favorito, algo que su padre le enseñó.

Como ya comenté, nuestro niño interior no tiene espacio para contener las emociones, para detenernos cuando algo las detona, respirar profundo, quizá explorar lo que sucede y responder de acuerdo con lo que está sucediendo en este momento. Esto es una conducta adulta, no de niños.

Nuestros niños interiores no saben hacer esto, si algo los detona; si se sienten amenazados, reaccionan. Entendamos que esta defensa tiene años en nosotros, desde que éramos niños. Atacábamos, nos íbamos, nos justificábamos, nos colapsábamos. Quizá nos convertimos en personas que complacen, que buscan armonizar y hacer que todo esté bien. O tal vez, nos mostramos como gallitos de pelea que buscan pleito por todo.

Entendamos que, detrás de cada estrategia de control, hay un niño aterrado, un niño que busca controlar su entorno. Más tarde, será un adulto intentando controlar compulsivamente a los demás, a la vida.

En mi primer libro platiqué cómo, hace muchos años, en Estados Unidos, busqué ayuda de grupos como Comedores compulsivos y más tarde en Codependientes anónimos. Cuando estaba en la relación de la que hablé en el segundo capítulo, él era un alcohólico activo y yo me sentía muy enganchada, así que decidí buscar apoyo –además de tomar terapia– en Alanon (grupo de ayuda para parejas e hijos de alcohólicos).

Busqué una madrina en el grupo y ella me puso a trabajar con los doce pasos. Al principio, pensé que sería muy fácil, con todo lo que yo sabía y el trabajo que he hecho. Jajajá y más jajá. El primer paso: *admitimos que éramos impotentes ante otros y que nuestras vidas se habían vuelto ingobernables.* Allí me quedé atorada al menos un año más. Me descubrí tratando por todos los medios de convertir a esta persona en la pareja que yo quería. Estaba agotada, drenada, enojada, pero no me quería rendir a la aplastante evidencia de que este hombre no sería nunca mi "hombre ideal". Él me lo dijo muchas veces, estaba jubilado, sólo quería tomar y pasarla bien, y parte de "pasarla bien" era buscar otras mujeres en internet y ligar, para divertirse mientras yo viajaba por mi trabajo. Esto, por supuesto, no me lo decía, pero lo caché haciéndolo muchas veces. Y cada vez era lo mismo, yo me enojaba, él me intentaba convencer de que era una forma de matar el tiempo "porque yo no estaba".

¿Qué me hacía quedarme en esa relación con todos los agravantes? Irme significaría rendirme pero yo no quería darme por vencida. En el fondo, era mi niña intentando por todos los medios rescatar a papá y, una vez que lo hiciera, demostrarle a mi familia materna que él era un hombre bueno, que todo lo que necesitaba era un poco de ayuda y comprensión.

Con esta pareja hice esto una y otra vez. Hasta que un día me rendí ante el hecho de que él era lo que era y hacía lo que hacía. Ya para entonces me había mudado a Tepoztlán con él, había hecho todo tipo de cambios para que viera lo maravillosa que era yo, había acomodado mi vida varias veces alrededor de lo que él decía querer para que la relación funcionara. Un día después de muchas situaciones desagradables, supe que él no iba a cambiar, pues nadie cambia aunque el otro se lo pida.

Cambiamos o más bien maduramos si deseamos hacerlo, y aún queriéndolo nunca es fácil. Ese día tomé mis cosas, mis gatas, mi ropa, mis libros. Metí en mi camioneta todo lo que me había llevado y regresé a San Miguel. Me había rendido. Y me di cuenta de que cuando tratamos de ejercitar poder en donde no tenemos nada, nuestras vidas se vuelven imposibles de manejar. "La creencia de que tenemos poder sobre otros es una creencia poderosa", nos dice Melody Beattie en su libro *Guía de los doce pasos para codependientes*. "Una ilusión destructiva que muchos aprendimos de niños."

Expectativas y demandas

Maribel es una mujer de 45 años, atractiva, divorciada. Es un bello ser humano, es trabajadora social y dedica mucho de su tiempo en ayudar a otros. Tiene un lindo sentido del humor y es una persona con la que es muy agradable platicar. Sin embargo, en el ámbito de la pareja, se siente desconcertada, no sabe qué sucede. Los hombres se acercan, es un imán para ellos, pero salen unas cuántas veces y luego desaparecen con

alguna excusa absurda, o de plano sin decir nada. Hace poco empezó a
salir con un hombre aparentemente muy comprometido en su desarrollo
personal. Después de la tercera vez que se vieron, él le dijo que no iba a
funcionar, pero le dio un regalo que ninguno de los anteriores le había
dado: le dijo con toda honestidad por qué no quería seguir saliendo
con ella: las exigencias y las expectativas de Maribel son demasiado
altas, pone mucha presión en la relación, en la persona. Y, de hecho,
en terapia, Maribel aceptó y compartió que incluso tiene una lista con
treinta cualidades que la presunta pareja debe tener, y si no lo hace,
ya no sale con él. Lo curioso es que antes de que ella decida si sigue o
no, ellos se alejan.

Nuestros niños internos tienen todo tipo de expectativas, creen que alguien afuera tiene que darles lo que les falta. Alguna vez, hablando de las expectativas infantiles en la radio dije: "No tenemos derecho de exigir que el otro llene nuestras expectativas, nadie tiene la obligación de hacerlo. Cuando niños, teníamos todo el derecho de esperar de nuestros padres que nos cuidaran, nos aceptaran, atendieran nuestras necesidades; pero como adultos, no." Fue una bomba, mucha gente me escribió muy sorprendida al escuchar esto, pero ¡cómo! ¿No se supone que la pareja me tiene que hacer feliz, que los buenos amigos tienen que estar allí, para mí, cuando los necesite, que la vida me tiene que premiar si soy buena? (Lo que sea que eso signifique.)

Pues no, ya lo dijo Fritz Perls: *Yo hago lo mío y tú haces lo tuyo. No estoy en este mundo para llenar tus expectativas y no estás en este mundo para llenar las mías. Tú eres tú y yo soy yo y si por casualidad nos encontramos, es hermoso. Si no, no hay nada que hacer.*

Por supuesto es mi visión y me parece la de muchas personas que, si estás en una relación equilibrada y sana, de manera natural ambos se apoyarán. "Quien te quiere te ayudará", dicen por ahí y así me lo parece. Pero una cosa es que la persona quiera dar algo y otra que yo dé por sentado que tiene que hacerlo.

Y no es que desaparezcamos las expectativas, todos las tenemos, pero necesitamos comprender que están allí y reflexionar qué tan reales son: ¿Qué parte mía las tiene? ¿Mi parte adulta? Entonces, las pongo en la mesa con mi pareja o la persona en cuestión y reviso qué tan posibles son de cumplirse. Si es mi parte infantil, trabajo con ellas y tomo conciencia de lo que hay detrás de cada una, en ambos casos haciendo una lista y confrontando cada una de ellas.

Y de demandas, ni hablar; si las tienes, revísalas. A nadie le gusta que lo demanden, que le exijan. Damos lo que podemos dar y nada más. Nuestro niño interior puede ser muy demandante, y si no le da lo que quiere, se enoja, hace berrinches, busca vengarse. Éstas son conductas que apartan al otro.

Complacer

María es una mujer de cincuenta años, muy frustrada porque a pesar de todos sus esfuerzos por complacer a toda su familia, su esposo, sus hijos, nadie reconoce y aprecia su trabajo. Nunca quiso trabajar para atender bien a la familia, se ha dedicado a cuidar a los suyos y a los otros. En este aspecto, su condicionamiento es muy profundo. Las necesidades de los demás están primero que las propias. No debo ser egoísta y pensar en mí. Si salen de vacaciones, nunca dice a dónde quiere ir. En un inicio, el marido le preguntaba, pero siempre respondía "donde a ti te guste". Y lo mismo sucede con los hijos, ya no la toman en cuenta para decidir. Hoy está deprimida, triste y no entiende por qué. Ha tenido una vida de servicio a los demás, se ha olvidado de ella como le enseñaron. ¿Por qué no se siente feliz, satisfecha? Tiene la sensación de ser invisible, nadie la considera y nadie le pregunta. Sus necesidades no son importantes, ni para ella. María se desdibujó, hoy no sabe ni qué quiere, ni qué necesita. Su radar interior funciona con los de afuera.

Hasta aquí hemos revisado cómo la vergüenza y el miedo nos hacen sentir que no merecemos, que tenemos que ganarnos el amor de los demás. Desde este espacio, es normal que nos volvamos complacientes, siempre dispuestos a ceder para que el otro no se enoje o no se vaya.

Vivir para complacer a los demás se convierte en un problema para la persona, ya que se deja de ser uno mismo y se la pasa tratando de convertirte en lo que piensas que los demás desean y esperan de ti. Imagina una vida intentando complacer a los demás, de pasar por encima de tus necesidades para servir a las de los demás. Y lo peor es que al final te quedas solo y, al mismo tiempo, te sentirás frustrado porque nadie te apreciará.

Adicciones

Eduardo, 53 años, un hombre en muchos aspectos funcional: padre divorciado de dos adolescentes. No entiende por qué su hijo mayor es tan adicto a los juegos de video. Se pelea con él, lo castiga, le quita los aparatos, nada funciona. Eduardo se ve a sí mismo como un "buen hombre" con muchos amigos y una buena vida, si tan sólo pudiera lograr que su hijo, Marco, dejara los juegos. Con frecuencia y en fuertes cantidades Eduardo toma, lo ha hecho por años, de hecho, por eso en gran medida su matrimonio se terminó. Su ex esposa, una mujer rígida y perfeccionista tampoco entiende la actitud de Marco. Ella compra compulsivamente y llena su casa de cosas que no necesita en un intento de sentirse mejor ante las cosas que no funcionan en su vida. Ésta es una

conducta heredada de su madre Elsa, quien además de llenar cuartos
enteros con compras inútiles, come compulsivamente a espaldas de
su marido, quien la critica por su exceso de peso. El marido de Elsa
siempre ha trabajado de sobra, al grado de caer enfermo.

Comportamientos adictivos a actividades, a sustancias, a personas.
Lo que nos distraiga de nuestros vacíos, enojos, dolores. Desde
nuestro estado de inmadurez emocional somos muy proclives a
las adicciones. No toleramos emociones incómodas, no sabemos
ni podemos manejar las frustraciones naturales de la vida. Ante
esto, buscamos algo que nos calme.

Adicción procede de un término latino que significa "hábitos
dedicados". Desde esta perspectiva, una adicción puede ser cualquier cosa que nuestro cuerpo haga habitualmente. En la adicción
nuestro cerebro está programado para impulsarnos a ir en pos de
lo que nos recompensará, al menos por un momento. La conducta
adictiva es, al mismo tiempo, una conducta motivacional de reti-
rada de eso que nos causa molestia.

Pensamiento fantasioso

Adriana acaba de concluir una relación muy importante. Es más ade-
cuado decir que su ex pareja, Mario, terminó con ella para irse con
alguien más. Adriana se siente devastada, pero lejos de permitirse caer
en el dolor y procesar su duelo, se aferra a la ilusión de que él la ama,
que sólo quiere tener aventuras con otras, pero regresará con ella. Y
cuando él lo haga, todo volverá a ser hermoso. Lo curioso es que cuando
ella vino a sesión, después de escucharla por un rato contarme cada de-
talle de la relación y hablar de lo que él piensa, siente, etcétera; de una
manera respetuosa la invité a desmenuzar esa relación "maravillosa".

Como resultado de este ejercicio, la relación no había sido tan maravillosa. Desde un inicio, el comportamiento de Mario había sido errático, impredecible, aparecía y desaparecía. Prometía muchas cosas que jamás cumplió. En apariencia, la relación tenía un gran potencial, pero era eso: potencial. El trabajo de Adriana es ir aterrizando en lo que sí es, como dije antes, tomar sorbitos de realidad como medicina diaria. Sobre todo, cuando su mente divague y empiece a tener fantasías de lo hermoso que fue todo, de cómo ese es el verdadero amor. Como ejercicio, le dejé escribir cada noche una cosa que no funcionaba o que no se cumplía entre las muchas promesas que Mario le hizo y sobre los cuentos que ella se dice.

En el primer capítulo hablé acerca de este estado mental infantil: las fantasías. Necesitamos reconocer cuando caemos en ellas. Respirar profundo, sentir nuestro cuerpo, nuestros pies tocando el piso y repetirnos: esto es lo que es. Una vez aterrizados, tomar nuestra vida en nuestras manos. Nadie vendrá a rescatarnos, nadie se llevará nuestros miedos, nuestros vacíos, nuestro dolor. Todo esto es nuestro y nos toca trabajar con ellos. No hay de otra. Lo maravilloso, y lo digo desde mi propia experiencia, es que cuando asumimos nuestra vida y nuestra responsabilidad sobre ella, el apoyo llega, quizá no del príncipe azul o de la princesa que esperábamos, pero la existencia tiene sus formas de brindarnos lo que necesitamos cuando nos abrimos a ella y estamos dispuestos a trabajar con nosotros.

ABRAZANDO AL NIÑO EMOCIONAL

Trabajar con nuestro niño emocional es hacer con esa parte infantil lo que padres conscientes tendrían que haber hecho con nosotros cuando éramos niños. Los padres poco conscientes gritan, regañan al niño, lo castigan, reprimen sus expresiones, le quitan juguetes o lo mandan a su cuarto. No ayuda reprimir más a nuestro niño emocional ni ignorarlo. Ya tuvo mucho de esto.

Recordemos las formas en que se hace presente en nuestra vida cuando no le damos el espacio adecuado para expresarse. También es bueno tener presente que, en nuestro niño interior, no sólo hay emociones reprimidas o heridas o dolor, también encontramos energía vital, dones, alegría, capacidad de asombro, de jugar con la vida. Muchas de las cosas que perdimos en el proceso de crecer y que hoy representarían un tesoro en nuestras vidas.

Por esto mismo, vale la pena indagar qué esta atrás de nuestras conductas reactivas, infantiles, qué nos duele, qué nos enoja. Como expliqué arriba, si hay una emoción molesta, incómoda (que no negativa, porque ninguna lo es), es porque alguna necesidad importante no está atendida. Por ello, es importante tomarnos el tiempo, el espacio para sentir lo que está pasando dentro de nosotros, antes de buscar afuera culpables y respuestas.

De manera que, además de conocernos mejor y aprender a hacernos cargo de nuestras necesidades, esa parte infantil ya no controlará nuestra vida. Sigue con todas sus cualidades, pero sería como si el adulto quitara amorosamente al niño del volante, lo sentara en su silla especial, asegurándose de que está bien y, finalmente, tomara el control del coche. Suena bien, ¿cierto?

De esto se trata el trabajo con nuestros niños interiores: darnos cuenta de que no somos sólo eso, que hemos vivido identificados con la parte infantil lastimada: heridas, emociones atoradas, carencias y vacíos, pero somos mucho más que eso. Ese "mucho más" es nuestra esencia, nuestra parte consciente, nuestra parte adulta. ¿Qué tan presente está esta parte en tu vida para hacerse cargo de ella?

Entender acerca del niño emocional explica mucho acerca de nuestras vidas. Llegamos a entender cómo y por qué reaccionamos, por qué tenemos tanto miedo, por qué tenemos tanta hambre de amor y atención o por qué es tan difícil permitir que alguien se acerque. También entendemos por qué estamos tan llenos de vergüenza y desconfianza, por qué estamos siempre tan inquietos, por qué tenemos problemas para expresarnos en nuestra sexualidad, en nuestra creatividad y en nuestra habilidad de ser asertivos. En corto, nos da una gran luz en mucho de nuestra vida diaria.

Krish y Amana, *Stepping out of Fear*

LÍMITES: EL VERDADERO ABRAZO QUE SANA

Además de aprender a abrazar a nuestros niños emocionales, hay que aprender a contenerlos, y esto sólo es posible mediante los límites.

Límites sanos

Los límites son vitales en la recuperación. Tener y establecer límites está conectado a todas las fases de la recuperación: crecer en autoestima, lidiar con emociones y aprender a amarnos y valorarnos realmente.

Los límites surgen de lo profundo de nosotros. Están conectados con soltar la culpa y la vergüenza, y el cambio de nuestras creencias acerca de lo que merecemos. Entre más claros sean nuestros pensamientos acerca de esto, más claros serán nuestros límites.

Los límites también están conectados con un tiempo superior personal. Estableceremos un límite cuando estemos listos, no un segundo antes. Y lo mismo los demás.

Hay algo mágico acerca de llegar al punto de estar listos para esta-blecer un límite. Cuando sabemos que lo que decimos va en serio y los otros nos toman en serio también, está establecido el límite. Las cosas cambian, no porque estamos controlando a otros, sino porque nosotros hemos cambiado.

Hoy confiaré que aprenderé, creceré y estableceré los límites que necesito en mi vida a mi propio paso. Sólo se necesita que el tiempo sea el correcto para mí.

Melody Beattie, *El lenguaje del adiós*

Los límites emocionales son vitales para vivir relaciones sanas; son la estructura que sostiene la energía, que muestra con toda claridad hasta dónde termino yo y empieza el otro y que nos da la confianza en nosotros y en lo que estamos viviendo. Si no sé o no me atrevo a establecer límites, no puedo confiar en mí; y confiar en mí es crucial para nadar en el mar de la vida.

En los párrafos anteriores hablé acerca de la contención de nuestra parte emocional, que literalmente es aprender a respon-sabilizarme de mis emociones y no atribuírselas al otro; responsa-bilizarme de mi vida y no culpar a otras personas por lo que estoy viviendo. Esta parte inmadura culpa a los otros, porque no se da cuenta que está presente en todo tipo de relaciones. Entonces, hay que empezar por entender cómo poner límites, cómo contener a nuestros niños interiores, que es el arte de la autocontención.

Hay dos tipos de límites: los internos (para mí) y los exter-nos (para los demás). Los límites internos nos protegen, guardan nuestros pensamientos, sentimientos emociones, por eso digo que son como un abrazo. Por ejemplo, alguien cercano hace o dice algo que me provoca mucho enojo; si no tengo límites internos y autocontención, demostraré mi enojo, incluso explotando sobre esta persona. O si soy del tipo que reprimo mi expresión, me tragaré el enojo, dañándome. Ese enojo que se detonó es energía pura que surge de mí. Imagina un rayo de energía rojo, por decir algo. Autocontención es aprender a sostener esa energía en mi interior, y permitir el tiempo para que se asimile; es decir, no la reprimo, no la aviento, la transmuto. Una vez que el enojo se calme —la respiración profunda ayuda, también salir a caminar un rato o escribir acerca de lo que está pasando—, es posible saber qué quiero hacer con lo que pasó, si veo la necesidad de hablar con esa persona, de poner un límite, de aclarar algo, lo que sea necesario, pero lo hago desde un espacio maduro, que responde, no que reacciona.

Las personas codependientes se funden energéticamente con el otro. Como ya lo he mencionado, no nos damos cuenta hasta dónde algo es nuestro y hasta dónde pertenece al otro. Trazarnos límites internos es dibujar nuestro contorno y decirnos: "hasta aquí soy yo".

Esto ayuda a tomar responsabilidad por mis pensamientos, emociones, conductas. Pasamos del "me enojas" al "yo me enojo". Cuántas veces no hemos dicho o pensado con relación a alguien: "Es que me enloquece y me hace cometer locuras." Con este nuevo entendimiento, me doy cuenta de que quizá lo que dice o hace esa persona detona mi enojo, pero soy responsable de lo que hago con él.

El siguiente ejercicio es una pequeña visualización que ayuda a redibujarnos energéticamente:

Busca un espacio donde puedas estar sin que nadie te moleste por unos veinte minutos. Busca una postura cómoda, de preferencia sentado. Tu

espalda recta (no rígida) y revisa que tu cuerpo esté lo más relajado
posible. Cierra tus ojos y toma varias respiraciones profundas y suaves.
Como si te vieras desde adentro, imagínate sentado o en la posición que
hayas elegido estar. Respira suave y profundamente mientras percibes
la sensación de tu cuerpo contra la silla o el colchón.

Imagina los límites de tu cuerpo y cómo se siente cada parte
de él, enfatizando la sensación de la piel como el gran contenedor
de todo. Con tus manos recorre tu cuerpo, tus límites, reconoce tu
contorno y con una voz suave repite: "Éste es mi cuerpo, mi energía,
mis emociones, mis pensamientos. Tengo el derecho de estar aquí y
de sentir todo esto. Todo esto que es mío." Siente tu cuerpo, mientras
con tus manos continúas delimitando tu cuerpo, tu piel.

Los límites externos nos permiten elegir la distancia que tomamos
respecto a otras personas e indicar hasta dónde queremos que
se acerquen o que no se acerquen del todo. Imagina un campo
donde hay varios lotes. Cada propietario necesita delimitar su
terreno y quizá construir una valla que indique estos límites. Es
lo mismo para nosotros. Los límites en nuestras vidas son estas
"vallas energéticas" que nos ayudan de tres maneras:

1. Dejar claro nuestro espacio y ser nosotros quienes deter-
    minamos quiénes entran y hasta dónde.
2. Saber cuál es el espacio de los otros y entrar a él sólo
    cuando somos invitados.
3. Los límites, como en el ejercicio anterior, dibujan quié-
    nes somos, ya que éstos nacen del contacto de nuestras
    necesidades, de nuestro sentido de valía personal.

Como puedes ver, los límites son vitales para crear relaciones de mayor cercanía e intimidad. Si no tenemos límites para nosotros y para los demás, tampoco advertiremos ni respetaremos los límites de los otros.

Cuando nuestros límites están claros y definidos para los otros y para nosotros, no tenemos que crear una serie de estrategias como aislarnos, culpar, manipular, mentir para que no se nos acerquen demasiado, esto lo hacemos cuando no sabemos o no nos atrevemos a decir "hasta aquí".

Si reflexionamos bien, ese miedo a decir no cuando no queremos algo, incluso a decir sí a la vida y a sus retos, proviene de nuestra falta de límites, de no tener una definición clara de quiénes somos, de no tener una verdadera conexión con nuestras necesidades y deseos.

Una de las características de las familias disfuncionales es no poner límites sanos, flexibles, adecuados. A veces no hay ningún tipo de estructura y otras veces en vez de límites, hay murallas inamovibles, rígidas. En este tipo de familias, siendo niños nos perdimos.

Al respecto, te comparto la historia de Ana.

Mi padre es alcohólico y mi madre estuvo ausente emocionalmente, así que crecí sin límites ni estructura. A pesar de eso me caractericé por ser una joven alegre y muy sociable. Tenía muchos amigos, pero no novio, porque rechazaba a los hombres que tenían intenciones amorosas conmigo. Sentía mucho miedo de no saber qué hacer y qué no hacer en una relación. Conocí a G a los veinte años. Fue un flechazo para ambos. Desde el comienzo de nuestra relación G se manifestó en contra de lo que me rodeaba, decía que mis amigas eran golfas, que mis amigos le caían mal, que mi familia era muy liberal, que ya estaba muy grande para estar en un grupo scout, que no debía andar tanto en la calle. Yo no quería perder a ese muchacho que tanto me gustaba y para demostrarle mi amor decidí alejarme de todo lo que le molestaba. Así transcurrieron cinco años de un noviazgo conflictivo, en el que me sentía profundamente infeliz, pues todo lo que hacía o decía lo veía mal. Por más que me esmeraba en ser lo que él consideraba una buena mujer, no conseguía llenar sus expectativas. Inclusive acepté tener relaciones sexuales porque me amenazaba con dejarme si no satisfacía sus necesidades. Pero al poco tiempo de iniciada mi vida sexual me embaracé y nos casamos. Dejé mi empleo para dedicarme a cuidar a mi hija, porque no quería ser como mi mamá: yo sí sería una buena madre. Ante los ojos de los demás éramos una familia perfecta: mi esposo era un buen proveedor, yo era una excelente ama de casa y mi hija era una niña bien educada y con excelentes calificaciones. Pero puertas adentro era otra historia. Siempre estaba enojada y era muy violenta, la golpeaba, le gritaba, la insultaba, la comparaba con otras niñas, le exigía perfección en todos los aspectos de su vida y, lo peor, no la dejaba salir si no iba yo, porque me aterraba que le fuera a pasar algo. Por supuesto creía que yo hacía lo correcto y en nombre del inmenso amor que sentía por ella la protegía de todos los peligros externos, sin darme cuenta de que yo era la peor amenaza para su seguridad. Cuando mi hija tenía once años nació mi hijo y fue tan demandante que centré mi atención en él y dejé de mirar a su hermana. Mi hijo me exigía tiempo, besos, abrazos, caricias y palabras amorosas, y yo lo daba todo para evitar conflictos. En cambio, ignoré a mi hija casi por completo. Cuando ella tenía diecisiete años me enteré de que padecía un grave trastorno de alimentación: anorexia nerviosa. En ese instante se vino abajo mi vida perfecta para dar lugar al caos. El miedo de que mi hija muriera me hizo buscar ayuda para ella, para mí y para todos en casa. Han transcurrido siete años desde entonces. Durante este tiempo he trabajado a nivel mental, físico, emocional y espiritual. Aprendí a conectarme con lo que necesito, en vez de estar todo el tiempo checando

qué hacer para que me vean como la "esposa-madre perfecta". Aprendí
a manejar mis emociones, a ponerme límites y a ponerlos a los demás.
Hoy sé que la persona a la que más ignoré, maltraté, devalué y castigué
fui yo, por privarme de todo lo que me hacía feliz y creer que el amor era
complacer al otro, o sea, a mi marido.

De niños necesitamos el abrazo energético de la madre, del padre, necesitamos ser contenidos por ellos, ser aceptados, tal como somos, guiados, dirigidos. Cuando los padres tienen límites y están conectados con sus necesidades –no con los "debería" y las ideas de otros–, enseñan a los hijos a que establezcan sus propios límites.

Esta contención recibida de niños nos da un sentido claro de nuestro ser y de lo que necesitamos y queremos. Si ellos nos aceptan, nos dan su apoyo y amor, nos enseñan a comunicar nuestras necesidades de manera libre, estableceremos límites reales, funcionales y sanos, basados en nuestras necesidades. Estos límites nos apoyan a involucrarnos en la vida y en sus procesos de crecimiento y plenitud en las relaciones.

Pero dado que para la mayoría de nosotros esto no fue un proceso natural, necesitamos empezar a establecer límites, internos y externos. En este proceso, es de vital importancia sentir nuestro cuerpo, porque si no estamos conscientes de lo que pasa en nuestro interior, ¿cómo saber lo que realmente necesitamos y queremos hacer?

Hace algunos años, durante mi proceso de entrenamiento en el Path of Love, tomé un taller en Colonia, Alemania, acerca de los límites y aprendí un ejercicio que hasta la fecha utilizo en algunos de mis talleres.

Para practicarlo se necesitan dos personas: cada una se para en un extremo opuesto del cuarto, para quedar frente a frente. Definan quién es A y quién es B.

A se quedará parada, sin moverse, y cuando se le indiqué B empezará a caminar lentamente hacia ella. Mientras, A respira suavemente, identificando las sensaciones de su cuerpo, en tanto B camina hacia ella. Deben verse a los ojos y estar muy consciente de su respiración. A es responsable de indicarle a B sin palabras, sólo con gestos de sus manos, si debe ir más despacio, en qué punto debe detenerse; todo esto basado en lo que A está sintiendo dentro de ella. A le indicará a B hasta dónde puede acercarse. Y una vez que completen el ciclo, cambian de roles.

Este ejercicio ayuda a estar conectados con lo que nuestro cuerpo siente y tomar esto como lineamiento para establecer los límites con las diferentes personas y situaciones de nuestras vidas.

Quiero repetir lo importante que la conexión con nuestro cuerpo es para la sanación de nuestro niño interior. El cuerpo no engaña, realmente nos dice cómo estamos y qué necesitamos. Establecer límites implica una honesta conexión con uno mismo, ser capaz de sentir y checar sin juicios y con apertura lo que pasa en el cuerpo. Esto es atrevernos a ser auténticos, dejar de ser la persona que queremos proyectar, lo cual sólo es posible si estamos en verdadero contacto con nuestro cuerpo, el cuerpo siempre será mucho más honesto que la mente.

Escucha el cuerpo.
El cuerpo es tu amigo.
El cuerpo no es tu enemigo.
Cuando éste dice algo,
hazle caso porque tiene una sabiduría propia.
Escucha su lenguaje, descífralo.
—Osho

Por supuesto que la idea de establecer límites puede provocar miedo en muchos de nosotros. Este miedo puede ser muy fuerte, si la persona es importante para nosotros, si hay algo que tememos perder —desde su afecto, la imagen que queremos dar, hasta quizá una relación o un trabajo.

Esto tiene que ver con los miedos de nuestro niño interno que ha dado el poder a otras personas. Por eso es importante que antes de poner ese límite, sobre todo si es un asunto grande para nosotros, busquemos la forma, quizá con apoyo profesional, de trabajar con esos miedos y encontrar claridad. No olvides que poner límites es algo nuevo para la mayoría, por lo que necesitamos practicar, tenernos paciencia y no juzgarnos ni presionarnos.

Poco a poco aprenderemos, poco a poco encontraremos el valor para hacerlo, sólo si somos capaces de observarnos y trabajar con nuestros miedos. Y cuando lo hagamos nos sentiremos muy bien, reconoceremos la importancia de poner límites en nuestra vida, lo cual nos motivará a continuar haciéndolo, paso a pasito.

Como un apoyo en esta etapa, les comparto una lista de conductas invasivas, algunas de las cuales la mayoría hacemos todo el tiempo sin darnos cuenta, y los pasos para ayudarnos en el proceso de establecer límites. Ambos son tomados del libro *Stepping out of Fear* de Krish y Amana Trobe.

LISTA INVASIVA

Revisa en cada punto si:

- ♡ Fuiste invadido de esta manera en tu infancia.
- ♡ Continúas siendo invadido de esta manera en tus relaciones actuales.

- Actualmente invades a otras personas de esta manera.
- Te dicen lo que sientes, quieres, piensas o deberías hacer.
- Alguien rompe continuamente una promesa, algún acuerdo, llega tarde, no hace lo que dice que hará.
- Invalidan tus sentimientos: "No necesitas sentir eso", "por qué tienes miedo, no hay razón para sentir miedo", "por qué te enojas, si no fue para tanto", etcétera.
- Te molestan con bromas (a menos que haya amor y confianza entre dos personas, el vacilar a alguien puede ser abusivo).
- Te tratan como si fueras un niño, que te hablan o se dirigen a ti como si no pudieras entender o fueras inferior.
- Te ignoran, no te escuchan o te cortan cuando estás hablando. (Nadie está obligado a dar su atención, a menos que así lo desee; pero si lo hace, entonces tenemos el derecho de esperar y que de verdad nos brinde su atención).
- No respetan tu espacio físico (alguien toma algo tuyo sin pedir o te pide dinero o algo prestado y no lo regresa, o entra a tu cuarto sin permiso, etcétera).
- Alguien que quiera tener la razón o decir la última palabra.
- No respetan tu "no".
- Ejercen abuso con violencia o amenazas (irse, castigarte o lastimarte). La violencia puede ser de varias formas: verbal, energética o física.
- Te presionan y demandan.
- Te manipulan con enojo, culpa, expectativas, cambios de humor, enfermedad, sexo.
- La sexualidad es inapropiada (de un adulto a un niño) o incluso cuando la pareja tiene sexo contigo de manera insensible.

♡ Eres criticado, juzgado o minimizado.

♡ Te dan consejos que no has pedido.

PROCESO PARA ESTABLECER LÍMITES

1. Validar emociones y sentimientos

♡ Lee el listado de conductas invasivas y pregúntate si algo de esto está sucediendo en tu vida.

- ¿Con quién?
- ¿Me ha sucedido esto en el pasado?, ¿con quién?
- ¿Cuál de los asuntos de la lista me afecta más?
- En mi vida actual, ¿yo le hago algo de esta lista a alguien?

♡ Cuando te sientes invadido, ¿qué sensación percibes? Escribe todo lo que observes en estas circunstancias.

2. Permitirte sentir la ira y observar tus reacciones

♡ Cuando notes que estás siendo invadido por alguien de alguna forma, tómate el tiempo para sentir la ira que eso provoca. ¿Cómo es la ira dentro de ti?, ¿cómo se siente, qué sensaciones produce, dónde la sientes? Escríbelo.

♡ Observa tus reacciones, dales espacio, permítelas, trabájalas antes de hablar con la persona.

♡ Cuando te sientes invadido por alguien y quieres reaccionar/atacar/defenderte de inmediato, primero identifica cuál es tu creencia de lo que pasaría si no haces algo al respecto (por ejemplo, si no lo ataco, me va a quitar mi trabajo, el novio, la novia, etcétera).

3. Claridad

♡ Cuando te sientas invadido, respira profundo, detente un momento e investiga si hay algo que te impide poner límites a esta persona, quizá algo que esperes de ella, pregúntate eso: "¿Qué espero de esta persona?" y luego completa esta oración: "No deseo soltar esta expectativa porque…"

♡ Haz el siguiente ejercicio: imagina que tienes unos lentes que te dan claridad cuando te los pones: si te los pusieras y observaras a esta persona con quien te sientes invadido o traicionado, ¿qué verías?

♡ Nota la diferencia de cómo se siente adentro de ti cuando aceptas algo que va en tu contra y cómo se siente cuando haces algo que crees correcto para ti.

CAPÍTULO 6

El laberinto de las proyecciones

Quien mira hacia afuera duerme.
Quien mira hacia adentro despierta.
—Carl G. Jung

En general, podemos decir que todos estamos buscando nuestra "otra mitad", nuestra "alma gemela". Este anhelo, estas ganas de encontrar a la pareja en nuestras vidas es muy fuerte. Salimos, nos arriesgamos, intentamos una y otra vez, o de plano nos aislamos aterrados de los resultados. Experimentamos el amor, a veces de manera plena, a veces con finales desgarradores, y seguimos, continuamos en la búsqueda.

Volteo a ver mi propio camino y reconozco la fuerza avasalladora que este deseo ha tenido en mi vida. Me he mudado de ciudad, he cambiado mi vida, mis hábitos, incluso mis gustos para encajar mejor en el hombre del momento.

Hoy puedo decir que, a pesar de algunos desastres, he aprendido mucho en estas relaciones. Quizá en un inicio de manera inconsciente, pero poco a poco he ido entendiendo más por qué atraigo y soy atraída por cierto tipo de hombres, por qué en algunos casos esa atracción es tan fuerte y qué sucede conmigo cuando estoy en una relación. De qué forma me pierdo y cómo me recupero, cómo entro, cómo salgo, por qué me cuesta tanto trabajo permanecer en relaciones.

Me ha quedado más que claro que las parejas son espejos, me he ido conociendo más y más profundamente con cada relación. Cosas que me gustan y otras que no tanto, pero al final estoy aprendiendo a aceptar el paquete de lo que soy y a darme cuenta de que muchas de las cosas que me han molestado en alguna pareja son cosas que tengo y que no había reconocido en mí. Asimismo, que las cualidades que me atraen, las que idealizo y les pongo a ellos, son aquellas que necesito encontrar en mí. Aprendemos a vernos a través de la otra persona. Una vez en una relación, surgen todas esas cosas que hemos guardado muy dentro de nosotros. La pareja, el amigo, la familia, el jefe nos refleja muchas de las cosas escondidas de nosotros.

He tenido varias parejas, desde joven fui muy noviera. Hace poco una amiga me dijo que si encarnara alguna diosa, sería Afrodita, la eterna enamorada. Sí, el enamoramiento ha estado muy presente en mi vida, me ha marcado profundamente y también ha sido una buena forma de aprender. Al menos, si miro hacia atrás puedo decir que no sólo me he divertido, no sólo he vivido dramas, también he aprendido mucho con cada relación.

Mi padre era un hombre muy carismático, guapo en su estilo, muy rollero y muy mujeriego. Sé que amó a mi madre hasta donde era capaz de amar. Ellos se divorciaron cuando yo tenía catorce años, no tanto por falta de amor sino por algunas estupideces que hizo mi padre. Él se fue de Tabasco, y poco después empezó a enamorar a mi madre hasta que, cuatro años después del divorcio, la convenció y se casaron de nuevo, yo fui testigo de esa boda. Sin embargo, nada cambió entre ellos. Mi padre volvió a las andadas: mujeres, parranda, despilfarros a los pocos meses de esta nueva boda. Unos años más tarde, se divorciaron.

Yo amaba a mi padre de una manera muy especial, siempre lo idealicé. Me decía que el problema era que mi madre no lo había entendido nunca, que ella no había sido capaz de ver su alma de la manera en que yo la veía. Bueno, eso creía. Para todos, siempre fui la preferida de mi padre. Su favorita, cosa que me llenaba de orgullo cuando mi madre me lo decía.

Lo curioso es que, aun siendo la consentida, nunca estuvo realmente para mí (ni para mis hermanos), no en la forma emocional, de apoyo, de protección que necesitaba. Fue un padre ausente y desconectado de nosotros, al menos cuando éramos niños y adolescentes, y cuando estaba, no estaba de verdad. Con él aprendí a hacer un lado mis necesidades, porque estaba al pendiente de las suyas; trataba de hacerlo feliz, que se diera cuenta de lo linda que era, de lo mucho que lo quería. Hubo una gran ausencia de la parte masculina funcional en mi vida, pero también de la femenina. Mi madre era otro ser ausente perdido en el deber ser. Estaba físicamente y se hacía cargo de todas las cuestiones prácticas, pero al igual que mi padre no se conectaba con nosotros o con nuestras necesidades. Al final, como mi padre era más afectuoso, cálido y más afín a mi temperamento, me identifiqué más con él.

Cuando empecé a noviar tuve varios pretendientes, pero los que me gustaban eran los misteriosos, los diferentes y casi siempre los problemáticos y rebeldes. En gran medida, los que no me hacían mucho caso. Esos que se acercaban, pero no del todo. Estos eran ausentes: estaban pero no estaban, les gustaba yo, pero no se acercaban demasiado o simplemente me enamoraba de los que no me pelaban. Repetí este patrón muchas veces, hasta que cansada de mi "mala suerte", acudí a terapia. Allí empecé a entender que, de manera inconsciente, estaba buscando a mi padre en los hombres y a mi madre, o por lo menos un aspecto de ella. Definitivamente, el padre de sexo opuesto es quien pesa más a la hora de buscar a la pareja.

De acuerdo con Carl Jung, dentro de una mujer, hay un aspecto masculino muy inconsciente, conocido como *animus*, y dentro del hombre un aspecto femenino inconsciente llamado *anima*, estos son los que juegan el papel principal en el tipo de personas que nos atraen y que atraemos. Estoy convencida de que cualquier intento de explicar estos dos arquetipos o símbolos es una gran simplificación, pero hablaré desde mi propia experiencia para explicar lo importante que ha sido para mí entenderlo. Una parte busca esas cualidades funcionales que necesitó del padre del sexo opuesto, mientras que la otra se atora en los patrones conocidos. En esta búsqueda utilizamos como mecanismo la proyección.

Seguro que has escuchado la palabra "proyección" un sinfín de veces, pero ¿qué significa realmente? Las proyecciones son la forma de llevar hacia afuera nuestros procesos internos, cualidades no reconocidas, características que son amenazantes de reconocer en uno mismo. En corto: proyectar es poner en el entorno algo que es mío y no reconozco.

Podemos hablar de proyecciones positivas, las que suceden al inicio de las relaciones (y hablo de relaciones de pareja porque es el terreno más vulnerable para todos, porque es la tierra donde germinan todo tipo de conflictos internos y con el otro). Al abrir nuestro corazón, abrimos nuestra vulnerabilidad, lo cual no sería un problema, si no lo hiciéramos tan inconscientemente y con tantas expectativas infantiles.

Al inicio de nuestras relaciones, estamos llenos de expectativas infantiles, porque esa parte espera que ahora sí sea "la pareja correcta", la que me dará lo que necesito, cubrirá mis necesidades, quitará mis miedos, me convertirá en la mujer o el hombre más feliz del mundo. Proyectamos en estas personas todo esto que necesitamos y los transformamos en el padre o la madre "ideal".

Cuando el tiempo pasa y esa persona resulta no ser el "ideal", empezamos a proyectar negativamente, lo convertimos en el papá o mamá "malo". De pronto, se transforma en una persona egoísta, controladora, incapaz de darnos lo que necesitamos. Y esto sucede con parejas, jefes, amigos y todo tipo de relaciones. Entre más significativa la relación, más fuerte la proyección.

"Todo lo que nos irrita de otros nos lleva a un entendimiento de nosotros", frase de Carl G. Jung que nos recuerda que cuando proyectamos surge la gran oportunidad de conocernos mejor nosotros. Es cuando podemos observar con claridad aquello que no somos capaces de advertir en nosotros o que no queremos ver.

Cuando alguien nos atrae, por lo general pensamos y decimos que esta persona es maravillosa porque tiene estas o aquellas cualidades. Estas cualidades están en nosotros, pero no las hemos reconocido, entonces las vemos en los demás. Cualidades que están escondidas, que necesitamos cultivar, hacer crecer.

Así que, al principio de este camino de autoconocimiento, cuando alguien te atraiga, pregúntate: ¿qué cualidades veo en esta persona? ¿Cuáles de ellas son las que necesito desarrollar en mí? Esto es lo que se conoce como adueñarnos, asumir la proyección, hacernos consciente de ella y utilizarla para crecer.

No se trata de criticar y rechazar la proyección. He escuchado a personas decir: "Sí, pero te estás proyectando", como si fuera algo malo. En realidad, hay que aprovechar esas proyecciones, ya que, aunque pueden golpearnos con fuerza y durar mucho tiempo, tenemos la oportunidad de aprender, si empezamos a poner atención. Y saber que mientras necesitemos aprender algo de ellas, despertarán emociones en nosotros. Quizá esa pareja que has intentado dejar sea la pantalla de proyecciones que no has reconocido y, si no lo haces, puede que sea muy difícil alejarte. Esto significa que todavía hay trabajo que hacer allí. Cuando nos adueñamos de nuestras proyecciones, éstas pierden su fuerza; quizá la relación continúe, pero de una manera más madura, más suave, o se termina porque ya cumplió su cometido.

MIRAMOS LA PAJA EN EL OJO AJENO PERO NO LA VIGA EN EL NUESTRO

En la relación de pareja las proyecciones son más obvias y generadoras de muchos conflictos. Una de las quejas que más escucho acerca de las relaciones románticas, sobre todo en las mujeres, es que los hombres que se les acercan tienen miedo al compromiso, no quieren una relación estable, quieren andar con varias a la vez, etcétera. Pensemos en las proyecciones y en cómo atraemos eso que quizá no hemos trabajado en nosotras –pero no reconocemos tener–, hablemos de la disponibilidad emocional, no sólo en el otro, también en nosotros.

¿Quiénes son estas personas emocionalmente no disponibles?

Son personas que, dada su infancia y traumas no resueltos ni asumidos, evitan la cercanía o controlan y atrapan. En su experiencia, cuando acudían a sus padres para que cubrieran sus necesidades, probablemente los descuidaban, no les hacían caso, los regañaban y avergonzaban de sus necesidades.

Por lo tanto:

❦ No asumen sus propias necesidades, entonces, cuando te acercas a ellos con las tuyas, dicen: "No, no, yo no me voy a hacer cargo de eso." Cuando estás con alguien así, realmente no estás en una relación, intentas llenar tus necesidades.

❦ Están casados o en una relación con otra persona o llevan años sin relaciones.

❦ No se comprometen, no lo hacen contigo ni lo han hecho con otras personas (siempre culpan a la otra persona).

❦ Se interesan en sexo, no en conexiones emocionales; o bien, son demasiado intensos en sus emociones desde el inicio de la relación.

❦ Son adictos a sustancias.

❦ No te presentan con sus amigos o familia, o te quieren llevar demasiado rápido a su mundo y entrar al tuyo.

❦ Son seductores, pero entre sus palabras y sus actos hay un abismo.

❦ Envían mensajes contradictorios, coquetean con otras personas. No dan respuestas claras, ni contestan preguntas directas. Te pasas el tiempo tratando de entender lo que quiso decir.

❦ Son muy narcisistas, sólo tienen espacio para ellos, tus necesidades no cuentan.

❦ Te dan migajas emocionales, insinúan todo lo que podrían darte y luego no cumplen o se desaparecen.

¿Cómo son las relaciones donde no hay disponibilidad emocional?

❦ Son relaciones caóticas en las cuales quieres probar que vales la pena, y se vuelve una montaña rusa emocional. Las personas no disponibles tienen un pie en el freno y otro en el acelerador.

💟 Estar con ellas te hace sentir que eres muy *needy*, que necesitas demasiado. Esto te genera vergüenza, ansiedad y más apego. Te validas a través de esta relación.

💟 Cuando estás en una relación así te obsesionas, todo tu mundo es esta relación.

💟 Cuando te sacrificas para estar en una relación con alguien que no está disponible para ti.

💟 Somatizas: ansiedad continua en el cuerpo, altas y bajas emocionales, dolores de estómago frecuentes.

¿Porque estás en una relación con una persona así?

Si tuviste que hacerte cargo de alguno de tus padres, esto lo harás con tu pareja romántica, lo intentarás sanar, ayudarlo, cuidarlo. Intentarás ganarte su devoción y amor.

La persona se convence de que, si sus necesidades no fueron o no están siendo satisfechas, algo está mal con él. Gente que se siente atraída por personas no disponibles son personas con una pésima relación consigo mismo. Una persona disponible, confiable, estable, no encaja con tu sistema de creencias ni con tu guion interior. Recuerda: no es una batalla justa si te atacas.

Esto tiene que ver con nuestras estrategias o estilos de apego. Las raíces están en nuestra familia de origen; si esta familia fue un espacio en donde fuimos aceptados, apoyados, nutridos con amor incondicional hacia lo que éramos como personas, no por lo que hicimos o probamos, esta sensación de seguridad nos da un estilo de apego con seguridad, de manera que una persona con este estilo, atrae personas abiertas, disponibles, seguras de sí mismas. Una persona que tuvo padres fríos, poco afectuosos, ha vivido varias relaciones así, será más intenso en sus apegos, más ansioso; atrae y se siente atraído por personas que evitan la intimidad. Ante esto, actuamos desde la ansiedad, apegándonos y alejando a la otra persona. Esta conexión es típica: un ansioso con uno que evita la intimidad. Y entre más ansioso, más huye del *evitador*.

¿Cómo son las personas disponibles emocionalmente?

- Gente que toma responsabilidad de sus propios procesos, se responsabiliza por lo que trae a la relación.
- Alguien que se ha llenado de amor a sí mismo, es una persona emocionalmente abierta a una relación y, por ende, a amar a otro.
- Personas que no necesitan de la aprobación de otros, de los halagos, de que otros les digan que están bien para sentirse bien.
- Una persona emocionalmente disponible es alguien que está consciente de sus traumas y heridas. No quiere decir que no las tiene, pero sabe lo que es suyo y no se lo carga al otro. Es decir, acepta y se apropia de sus proyecciones. Un ejemplo de lo contrario sería una persona que asume que si el ex la engañó, la nueva persona también lo hará, entonces empieza con dramas y celos.
- Alguien disponible sabe que está listo para seguir adelante y recibir lo nuevo con un corazón abierto.
- Es una persona que considera tus necesidades, está dispuesto a escucharte y pone tus necesidades a la par de las

suyas. Está dispuesto a ver tu perspectiva y trabajar con la relación.

- ♡ Es una persona que responde, no que reacciona.
- ♡ Pone límites sanos.
- ♡ Crean relaciones calmas, tranquilas.
- ♡ Son personas que nos hacen sentir tranquilos y estables; sabes que estarán allí para ti.
- ♡ Llaman cuando quedan en llamar, no desaparecen sin decir nada o dejan pasar días sin dar señales de vida.

ROMPER PATRONES

Para romper un ciclo vicioso necesitamos ir adentro y ver esa parte ansiosa. Revisar cómo era el amor y las relaciones en tu familia: ¿se respetaban las emociones?, ¿cómo se expresaba el amor? Hay personas que se sienten muy incómodas y no quieren lidiar con esto. Hay muchas personas que justifican comportamientos muy pobres de los padres o minimizan abusos de hermanos, "éramos sólo niños", y entonces terminan con personas que no los tratan bien, que no les dan la atención y afecto que merecen.

- ♡ Tú tienes que abrirte, volverte disponible para ti. En esta apertura te das cuenta de qué tan abierta está tu pareja, qué tan disponible está para ti.
- ♡ Reconocer tu forma de apegarte, no para que te avergüences sino para que sepas que tienes un problema y debes hacer algo al respecto.

- ❤ Reconocer que no es que seas demasiado *needy*, esto no existe, nadie necesita demasiado, en realidad nos da vergüenza necesitar.
- ❤ Aprende a darte el amor que mereces, darte atención.
- ❤ Honra tus necesidades: "Necesito afecto", "necesito espacio", "necesito cercanía".
- ❤ Toma responsabilidad por lo que es tuyo y comprende lo que es del otro.
- ❤ La única persona que puede cambiar esto es quien por ahora está cerrada. Recuerda que estar disponible o no estarlo no tiene nada que ver con el amor, se relaciona con los condicionamientos y la elección de continuar cerrado o cambiar. Esta elección puede estar inspirada por el amor, pero aun así pueden ser pasos muy grandes para alguien. Por eso necesitamos ayuda profesional.

FUNCIONALIDAD DE LA PROYECCIÓN

Con todo lo que mencioné es posible revisar cómo nos hemos proyectado con esas personas "no disponibles emocionalmente". Hay atracción porque ponemos en ellos algo que llevamos adentro. La proyección forma parte de nuestra percepción. Por supuesto que lo que estoy viendo en el otro sí es real, lo importante es ser capaz de verlo en mí y trabajar para que se dé la transformación.

Gracias al mecanismo de proyección, reconozco fuera de mí a los otros, además puedo descubrir lo que es mío, o sea, descubrirme a través de los otros. Y, en el caso del enamoramiento, me descubro a través de la pareja.

CÓMO USAR LAS PROYECCIONES A NUESTRO FAVOR

Para empezar, hay que identificar los patrones repetitivos en las relaciones. Sigmund Freud descubrió que todos tenemos un impulso irresistible de re-actuar en el presente las primeras relaciones que tuvimos, principalmente la forma en que nos relacionamos con los padres. A este impulso le llamó "La compulsión de repetir". Esta compulsión tiene la intención de completarnos, buscando afuera una persona que nos permita cerrar ese ciclo abierto. Terminar asuntos que necesitan ser sanados, asuntos que tuvimos con nuestros padres, en particular con el padre del sexo opuesto.

Por eso se dice que las parejas (también otras relaciones como los hijos) son nuestros maestros, aun sin saberlo ellos. Aprendemos mucho de parejas e hijos. A lo largo de este libro he mencionado a varias de mis ex parejas. Algo en común entre ellos es que al menos en mi visión necesitaban ser cuidados y entendidos por mí, porque ninguna otra mujer podría entenderlos. El tipo de relación en la que me sentía cómoda, por ser algo tan conocido, era con un hombre que, al igual que mi padre, fuera emocionalmente inmaduro, inestable, bastante narcisista, es decir, que sus necesidades fueran lo importante. Por lo tanto, su comportamiento era bastante egoísta y abusivo, mezclado con "amor" y admiración hacia mí; en pocas palabras, el mismo tipo de relación que tenía con mi padre.

Hace poco escribí un artículo para *MOI* donde hablo sobre cómo las parejas que buscamos y atraemos nos muestran lo que necesitamos trabajar en nosotros:

Cada hombre tiene una parte femenina en el inconsciente, la mujer tiene una parte masculina. Y podemos decir de manera muy simplista, que la parte masculina inconsciente de la mujer busca completarse por medio de proyectar en los hombres lo que ella necesita desarrollar. De la misma manera será con la parte femenina del hombre, la cual se verá en las mujeres que atrae y lo atraen.

Tu padre fue infiel, tú quieres un hombre fiel, pero constantemente caes en relaciones donde la infidelidad aparece una y otra vez. Éste es tu patrón. ¿Cómo salir de él? Hay que trabajar limpiando esa parte inconsciente, no sólo en terapia, que es muy necesaria, también debes darte cuenta de cómo estás siendo infiel, quizá no al otro, pero sí a ti misma, a tus necesidades, a tus valores. Desarrollar esa fidelidad que buscas.

¿Con frecuencia te encuentras con personas no disponibles emocionalmente? Es muy posible que la vida esté reflejando algo tuyo, quizá te hace ver que tú misma no estás disponible para ti, que no estás haciéndote cargo de tus necesidades, no te escuchas, no te valoras ni te das la importancia que te mereces. No eres tu prioridad, y cuando alguien aparece en tu vida, te trata de la manera en que tú te tratas. Así, simple y complicado.

¿Quieres un hombre exitoso, que se haga cargo de ti? ¿Cómo sería tu vida si empezaras a hacerte cargo de ti, a trabajar en desarrollar eso que estás buscando afuera, en vez de esperar a que otro lo haga?

¿Eres hombre y te ves atraído por mujeres que son tan controladoras como tu madre? Quizá ese control está bien escondido en ti, se manifiesta en celos, posesión, miedo, rigidez y, en vez de ver esa parte tuya, te pierdes culpando, juzgando, queriendo cambiar a la pareja, en lugar de trabajar con eso que es tuyo.

Hace poco conocí a un hombre por el que me sentí atraída desde la primera vez que hablamos. Si analizamos esta parte de la atracción descubrí que me gusta mucho su parte íntegra, estable, los valores que me parece que tiene, pero lo que más me gusta de él es su entrega y trabajo en su camino espiritual. Yo reconozco que me siento un poco perdida en esto, no medito suficiente, no hago algunas cosas que me nutren mucho en este ámbito. ¿Qué me está diciendo la vida a través de esta atracción? Hay una parte mía proyectando en él, y posiblemente aumentando estas cualidades, idealizando un poco, pero lo importante para mí no es lo que él es o no, ni colgarme de su camino, sino trabajar en desarrollar el mío. Y esas cualidades de integridad y honestidad que veo en él, hoy sé que son mi sabiduría señalándome qué es lo que necesito trabajar en mí. Si no lo hago, seguiré proyectando todo en él, lo idealizaré y no seré capaz de ver quién es este hombre, todo lo que veré es la imagen proyectada por mi inconsciente. Y suponiendo que la relación prosperara, un día se caerá él del pedestal donde lo puse y me sentiré decepcionada y traicionada pensando que todo fue un engaño, cuando en realidad fui yo la que construí toda esa película en mi cabecita.

Y es mi experiencia la que hace que, al ir avanzando en el trabajo interno, las parejas externas varíen de acuerdo con nuestro desarrollo. Hace no mucho tiempo, el tipo de hombres que me atraía era inaccesible emocionalmente, aunque estuvieran físicamente conmigo. Poco a poco, con todo el proceso interior que he hecho, llegan hombres más disponibles emocionalmente, más abiertos, más en contacto con su propia vulnerabilidad, porque es lo que he trabajado en mí todo este año. De mis ex parejas, ninguno tenía interés en trabajar consigo mismo en el autoconocimiento, hoy ya no querría estar con un hombre así y los que se acercan son seres que ya traen un camino de desarrollo. No sólo el potencial, como era el caso de mi padre y casi todas mis ex parejas.

Para finalizar, quiero reiterar la importancia de darnos cuenta de que las personas están en nuestra vida para enseñarnos lecciones valiosas. Para ir aprendiendo a conocernos mejor, a conocer esas áreas donde necesitamos trabajar y es importante invertir tiempo y dinero en un proceso serio, profundo que nos lleve a limpiar todo aquello

disfuncional que aprendimos de niños y cultivar esas características
necesarias para nuestro desarrollo y lograr una vida con relaciones
más plenas y satisfactorias.

Entonces, lo que estamos haciendo al elegir pareja, al buscar cierto tipo de personas es replicar nuestras relaciones principales de la infancia, porque necesitamos completar lo que quedó incompleto. Es como repetir las materias que no pasamos.

> **Hay una piedra en el camino. Mientras sigas sin entenderla**
> **continuará siendo un obstáculo para ti.**
> **El día que la entiendas se convertirá en una escalera.**
> **—Osho**

ABRAZAR NUESTRA SOMBRA

Hace algunos años, en uno de los talleres de seguimiento del Path of Love, creado para profundizar nuestro trabajo personal, tuve una experiencia muy transformadora con este concepto de la *sombra*. En estos talleres funjo como asistente y traductora, si se necesita. En esta ocasión, los instructores me sugirieron que lo tomara y así lo hice. El taller se llamó "Profundizando en el amor. La sombra".

Durante los cinco días del retiro muchas cosas sucedieron para los treinta participantes, pero la que ha sido más importante para mí es un encuentro que tuve en una de las dinámicas. En el ejercicio de visualización, nos guiaron hasta un bosque y nos invitaron a entrar y ver qué nos esperaba allí.

Lo que vi cuando entré en ese bosque, que dicho sea era muy oscuro y al cual me daba miedo entrar, fue a una niña de siete u ocho años. Lo impactante es que esa niña era como una pordiosera. Toda sucia, despeinada, con nudos en el largo cabello, ropa en jirones, descalza, con un rostro y mirada tristes. Me recordaba a una de esas niñas de la calle que vemos con frecuencia en esta ciudad.

Mi corazón se conmovió muchísimo cuando la vi, pero al mismo tiempo sentía un gran miedo de acercarme a ella, a pesar de ver lo mucho que deseaba que lo hiciera. Y no sólo era miedo, sentía un fuerte rechazo ante ella, como si al acercarme pudiera contagiarme toda esta tristeza, esa sensación de abandono, de soledad, de desolación que la cubría.

Me resistí un rato y, finalmente, me acerqué a ella, pero lo hice con muchas reservas, de verdad era muy fuerte mi sensación de rechazo. La niña se sentó y yo a su lado. De cerca, me recordaba a alguien, su carita, sus ojos, esas manos, incluso sus pies. Y entre más la veía, más triste me sentía. ¿Quién era esta criatura salvaje, abandonada y sola en un lugar como éste?

De pronto lo entendí. Al verla comprendí que esa niña era yo, a esa edad. Era esa parte mía llena de miedo, de inseguridades, de tristeza y también de enojo. Insegura. De pronto recordé esos años de mi vida y cómo construí este bosque para perder esta parte y aunque por muchos años sí me visité, llegó un momento en que la vida me tomó y me olvidé de esa "yo". La dejé abandonada a su suerte.

Quisiera decir que ése fue un parteaguas en mi vida, que a partir de ese momento tomé a mi "niña interior", la amé, la acepté y todo fue felicidad… pero no sucedió así. Sí, la tomé (casi con pincitas, debo reconocerlo) y me la traje de regreso. Y sí, desde entonces estoy más consciente de ella, pero a veces me sigue dando miedo y aunque ya no está abandonada en el bosque, no estoy muy segura de que he sabido darle todo lo que necesita. Me doy cuenta de que éste es un trabajo de vida.

Pero estoy en el intento real de hacerlo y lo seguiré trabajando. Y no quiero terminar esta historia sin agregar que parte de lo que rescaté al traer a mi niña ha sido mi inmensa energía vital, la capacidad de juego y de risa que había perdido, el asombro por las cosas maravillosas y simples de la vida y unas ganas muy grandes de sentirlas y disfrutarlas hasta su final.

> **La sombra representa cualidades y atributos desconocidos o poco conocidos del ego tanto individuales como colectivos. Cuando queremos ver nuestra propia sombra, nos damos cuenta (muchas veces con vergüenza) de cualidades e impulsos que negamos en nosotros, pero que puedo ver claramente en otras personas.**
> **—Carl G. Jung**

El término de "sombra" fue acuñado por el psiquiatra austriaco Carl Gustav Jung, quien lo utilizó para nombrar esa parte del inconsciente que se compone de deseos reprimidos e impulsos "incivilizados" que no aceptamos en nuestra autoimagen, es decir, en la forma en que nos vemos. Estas motivaciones humanas son percibidas como inferiores para nuestro "ideal" de lo que somos —o más bien dicho de lo que creemos que somos— por lo que también depositamos en la sombra fantasías y resentimientos. De esta manera, la sombra abarca en general todas aquellas cosas de las cuales uno no se siente orgulloso.

Estas características personales no reconocidas a menudo se perciben en los demás mediante el mecanismo de proyección del que hemos hablado antes. Y lo hacemos poniendo en otros nuestras propias tendencias inconscientes. Debido a la dificultad de reconocer y aceptar nuestra propia sombra, este mecanismo de proyección es una de las formas más recurrentes y negativas para no trabajar los propios defectos y adjudicárselos a los demás. Es un fenómeno típico que se observa en gran parte de los chismorreos o comentarios por la espalda que ocurren dentro de familias, grupos de amigos, en las oficinas y cualquier espacio donde se reúnan varios individuos.

La sombra es una de las razones por las que proyectamos asuntos nuestros en los demás. Una parte de lo que somos se manifiesta en el mundo. Es lo que hemos asumido y aceptado de nosotros. La sombra es esa parte que se esconde en la oscuridad de nuestro inconsciente, que se oculta para todos, incluso para nosotros, pero ocasionalmente se manifiesta.

Nuestro verdadero ser abarca mucho más que la pequeña porción de nuestra personalidad que conocemos. Comprende mucho más allá de la limitada visión de nuestra consciencia. Y esa gran parte, ignorada y rechazada, vive en la sombra. El problema es que mucho de lo que guardamos allí son aspectos de nuestra personalidad que, al no ser aceptados por nosotros, cuando surgen lo hacen con mucha fuerza y como reacciones disfuncionales.

Entonces es importante reconocer esta parte no sólo para evitar que nos lastime o lastime a otros, sino porque en ella encontramos características muy hermosas y necesarias para vivir con plenitud y que escondimos en este sótano de nuestro inconsciente porque en algún momento se nos hizo sentir que eran "negativas" o "malas".

Esta dimensión desconocida de nuestro ser que denominamos sombra representa al mismo tiempo nuestra mayor trampa y también nuestro mayor tesoro, pues en ella se halla toda nuestra capacidad para lastimar y destruir, tanto a nosotros como a otros, así como un inmenso potencial por descubrir, que abre las puertas a un sinfín de posibilidades para hacer realidad nuestros sueños.

Muchas personas no saben qué es la sombra o incluso que ellos la tienen. No es fácil aceptar que hay una serie de características fuera de control y que en mucho dominan sus vidas. El primer paso es abrir nuestras mentes a esta idea, aceptar que existe una sombra y que, como tal, es desconocida para nosotros. Y que muy posiblemente muchos de los conflictos que tenemos, tanto con nosotros como con los demás, surgen de la represión y el desconocimiento de esta parte.

¿Cómo reconocer nuestra sombra? Primero, siempre que tenemos una reacción hacia la conducta de otros o incluso de nosotros. Esa reacción nos indica ese aspecto nuestro que vive en la sombra.

Imagina que vas por la calle y ves a una mujer con ropa, según tú muy provocativa, y esto causa una reacción dentro de ti: te molesta. Algo en ti se molestó y sale a través del juicio que emites, criticando a esa persona, hablando mal de ella, incluso sintiéndote ofendida por su "falta al decoro". Esta reacción tuya, esta carga emocional indica que hay algo detrás. Si en vez de criticarla, te detuvieras un momento para observar tu malestar, tu carga emocional e indagaras de dónde viene, quizá descubrirías una fuerte represión en tu expresión sexual. Tal vez lo que hay detrás de tu carga es envidia porque quisieras vestirte más *sexy* y no te lo permites.

Imagina que en tu oficina hay un compañero que te cae mal porque siempre está buscando reconocimiento de los demás. Y es tan grande tu reacción hacia él que cuando se reúnen los compañeros para comer o echarse un trago después del trabajo, si él va, tú no. No soportas escucharlo. ¿Será posible que también quieres reconocimiento y, en vez de aceptarlo, te molestas con él? ¿Qué sucedería si admitieras tu necesidad de reconocimiento y dejaras de juzgarlo? De seguro las conductas de tu compañero no te causarían gran reacción y notarías que él tiene también necesidad de ser reconocido.

Mediante nuestras reacciones podemos descubrir nuestra sombra. Y digo que no es fácil, porque esa parte va en contra de la autoimagen idealizada que tratamos de sostener por años. Intentar mantener esta imagen implica un terrible esfuerzo. Imagina: vivir tu vida ocultando algunos aspectos tuyos. Esto ha causado fracturas muy dolorosas en nuestro interior. Eso que no acepto en el otro es una parte mía de la cual me separé de niña, porque recibí el mensaje que esa parte era "mala".

> Confrontar a alguien con su propia sombra
> es mostrarle su propia luz.
> —Carl G. Jung

La verdadera transformación nace de la aceptación de todo lo que somos, a pesar de esas características que no nos gustan, que quisiéramos no tener y que intentamos esconder de otros, por medio de máscaras, roles y todo tipo de mecanismos de defensa.

Por eso es tan importante reconocer que tenemos la sombra y trabajar para empezar a asumir las partes que hemos escondido y de esta manera, poco a poco, rescatar cada pieza que nos ayude a completar el rompecabezas que somos.

> Uno no se ilumina imaginando figuras de luz,
> sino haciendo consciente la oscuridad. Un procedimiento,
> no obstante, trabajoso y por tanto, poco popular.
> —Carl G. Jung

La transformación llega cuando reconocemos y nos damos cuenta de que tenemos esa sombra, al reconocerla entra la aceptación.

Mientras sigamos reaccionando, sin importar cuánta razón pensemos que tenemos, cuando juzgamos a otros, seguimos actuando desde la sombra. Cuando tenemos un pleito con alguien significa que las dos sombras, las dos identidades del ego chocan. Las sombras se nutren una a la otra. Y si ninguno lo reconoce, si ninguno toma responsabilidad por su parte, esto se vuelve algo interminable.

La sombra surge en las relaciones y, sobre todo, cuando nos sentimos seguros de la otra persona. Si no te sientes confiado, es muy posible que no dejes que tu sombra salga del sótano. También surge cuando estamos muy estresados, sobrecargados, con miedo, enojados.

> Todo lo que nos irrita de los demás
> nos puede ayudar a entendernos mejor.
> —Carl G. Jung

Quizá puedo contener mi sombra en mi oficina, pero cuando entro a mi casa, con mis hijos, mi pareja, y veo que algo que yo quiero no está, sale la sombra, y la sombra es ese perfeccionista que todos llevamos adentro.

Cuando estamos en nuestra zona de confort (nuestra casa, la familia, la pareja) salen los demonios que llevamos escondidos, incluso al punto de violencia, de agresión. Mientras no llevemos luz y reconocimiento a nuestra sombra todo puede pasar.

¿Cómo llevar luz a la sombra? El primer paso es reconocer que hay una sombra. El segundo es entender cómo sobrellevarla, es decir, cómo sobrevivir con ella. Esto es algo difícil de hacer por uno mismo, la sombra tiene mucha carga emocional: enojo, frustración, por ejemplo. Necesitas un espacio seguro para permitirte descargar todo lo que llevas. Si no lo haces, te vuelves proclive a conductas adictivas: fumar, beber alcohol, comer de más, drogas, pornografía, sexo, compras, etcétera. Los comportamientos inconscientes compulsivos ayudan a descargar la tensión interna que llevamos en la sombra.

Por ejemplo, un hombre llega a casa muy enojado por problemas en la oficina. En cuanto entra empieza a gritar porque las cosas no están como él desea. Le grita a la esposa y a los hijos. Y como se entera de que uno de ellos sacó malas calificaciones, lo insulta, lo golpea. Más tarde se siente mal. Por supuesto que hay una parte de él consciente que le hace sentir que lo que hizo no estuvo bien, pero como no quiere reconocer que se equivocó al tratar a su familia de esta manera, mentalmente le echa la culpa a la esposa por no tener orden en la casa, al hijo por no estudiar, cuando es su única responsabilidad. "Ellos están mal, yo me mato trabajando, al menos deberían esforzarse por hacer las cosas bien, me enloquecen y pierdo los estribos, es su culpa."

Esta persona no toma responsabilidad. La sombra necesita responsabilidad.

Algunas veces la sombra de nuestros padres nos lastimó mucho. Hasta que demos este paso, no podremos ver cómo nuestra sombra afecta a nuestros hijos. En el ejemplo anterior, quizá su padre lo golpeó y cuando lo recuerda, lo justifica diciendo que gracias a eso él es un hombre de bien. Ya olvidó el miedo y el dolor que vivió ante la violencia del padre. Si esta persona hiciera un proceso de conciencia, tal vez reconocería el gran dolor y miedo que sintió. Ese dolor y ese miedo se esconden en su sombra, por eso reacciona igual que su padre. Al reconocer lo que vivió –incluso permitirse llorar– y bajar del pedestal a su padre, dejaría de dañar a otros.

Para integrar nuestra sombra, deberemos atravesar capas de emociones, de creencias, de vergüenza. Por eso es casi imposible hacerlo solos. No es un trabajo pequeño, pero cuando integramos la sombra, pedazo a pedazo, recuperamos nuestro poder. Y cuando esto sucede podemos ver y cuando vemos vamos hacia adelante.

La alquimia de transformación sucede con mi propia aceptación.

SEÑALES DE QUE ESTÁS INTEGRANDO TU SOMBRA

1. Notas las conductas de los demás, pero no sientes la necesidad de responder o reaccionar.
2. Las conductas de los demás ya no te producen sentimientos o emociones. No detonan tu alarma interna ni crean diálogos negativos en tu mente. Te vuelves más neutral.

3. Ya no culpas a otra persona o te criticas cuando se muestran aspectos de la sombra. Reconoces y aceptas estas partes no asumidas de tu ser, iluminándolos con la luz de tu conciencia para que puedan ser transmutados y sanados. Estás saliendo de la culpa y la negación.

4. Eres capaz de abrazar y amar todas tus partes, aun esas partes que no son maravillosas. ¡Esto es amor a ti mismo!

5. Abrazas tu humanidad con determinación y aceptación, sabiendo que cuando tu conciencia de la sombra se levanta es un signo positivo que muestra que la sanación está sucediendo en tu vida.

6. Hay más paz en tu vida y tus circunstancias, relaciones e interacciones se han vuelto más positivas.

Amor:

Soy uno con todas las cosas: en la belleza, en la fealdad,
en lo que sea, allí estoy.
No sólo en la virtud, sino también en el pecado
soy compañero.
Y no sólo el cielo, también el infierno es mío.
Buda, Jesús, Lao Tzu, es fácil ser sus herederos,
pero ¿Genghis, Taimur y Hitler?
¡También están dentro de mí!
No, no sólo la mitad, ¡soy toda la humanidad!
Cualquier cosa que sea del humano es mía.
Flores y espinas. Oscuridad y también la luz.
Y si el néctar es mío, ¿de quién es el veneno? Ambos son míos.
A quien experimente esto, yo le llamo religioso porque sólo la angustia
de tal experiencia puede revolucionar la vida en la Tierra.

—Osho

CAPÍTULO 7

La sombra del cuerpo

La forma más real, honesta y directa de saber qué está pasando en nosotros es escuchar nuestro cuerpo. El cuerpo nos habla, se expresa por medio de las emociones, de sensaciones, de movimientos, de enfermedades, de dolencias. Nos avisa si algo está pasando adentro. Si aprendemos a escucharlo puede ser nuestro mejor guía en la vida. Por desgracia no entendemos su lenguaje y lo ignoramos totalmente. La experiencia de haber abandonado nuestro cuerpo es la que nos causa tanta desarmonía, conflicto y sufrimiento. Nuestras dependencias o adicciones se originaron a partir de esta separación y, por lo mismo, no pueden ser curadas o tratadas si tomamos en cuenta sólo la mente, sin considerar el cuerpo.

El párrafo anterior pertenece a mi primer libro *Amor… ¿o codependencia?*, en el cual dediqué un capítulo al cuerpo y al trabajo con él, porque dicho trabajo es de suma importancia para una sanación real e integral.

A lo largo de años de trabajo, en diversas escuelas de psicoterapia corporal y psicosomática, he logrado recuperar la sensibilización de éste, la respiración, el arraigo y el movimiento. Esta labor ha sido una de las herramientas más sanadoras en el trabajo terapéutico. Al final del capítulo amplío y detallo los conceptos de respiración y arraigo, tan importantes para nuestro desarrollo y para vivir, con todos sus grandes movimientos, de forma armónica y con el mayor bienestar posible.

"La sombra del cuerpo" es una frase que elegí para este capítulo por todo lo que hemos guardado en él sin darnos cuenta. Ya mencioné cómo durante nuestros primeros años muchas de las emociones que sentimos son reprimidas en su expresión. Las emociones son energía que debería estar en movimiento, fluyendo, tal como lo descubrió el psicólogo austríaco Wilhelm Reich, discípulo de Freud. Observemos a un bebé o a un niño pequeño antes de que sea "educado": se enoja y lo expresa, está triste y lo expresa, es feliz y lo expresa; sus emociones fluyen como es natural. En cambio, nosotros, adultos "adiestrados" socialmente, nos tragamos esa emoción o la sacamos de manera explosiva.

Este capítulo explica cómo hemos convertido nuestros cuerpos en un basurero emocional, y qué podemos hacer para limpiarlo.

YO SIENTO, TÚ SIENTES, TODOS SENTIMOS

Este capítulo lo escribí con Patricia Medina-Vishranti, quien, además de ser mi socia en varios proyectos de Conciencia, es mi hermana de sangre y de camino. Juntas iniciamos esta búsqueda cuando éramos adolescentes, y aunque la vida nos ha llevado por diferentes senderos en diversos momentos, ahora llevamos casi diez años trabajando y creando en conjunto.

Ambas hemos laborado muchos años en el desbloqueo emocional y el restablecimiento del flujo energético en diversas escuelas neo reichianas: ontogonía, bioenergética, Osho Pulsation, arraigo sexual y otras como tantra y meditaciones activas de Osho, Vish tomó el camino del trabajo psicocorporal, mientras yo me metí de lleno en la codependencia y la sanación de las heridas infantiles. Juntas hemos comprobado cómo cuando integramos el trabajo psicocorporal a otras escuelas de psicoterapia que ambas manejamos y agregamos la meditación, el despertar y la sanación se aceleran.

Usamos esta combinación en talleres que damos juntas o por separado, ofreciendo un proceso que se complementa. En este capítulo hablaremos del flujo, el ABC de las emociones, la función psicocorporal de desbloqueo y les compartiremos algunas meditaciones.

Todo el trabajo sobre la codependencia, en el cual me he entrenado, además de muchos otros que ambas hemos tomado, tiene como materia básica el entendimiento correcto de las emociones, su manejo, su funcionalidad.

El trabajo con las emociones no se hace en la mente. Podemos leer todo lo que queramos acerca de ellas, pero necesitamos sentirlas, moverlas, sanarlas. En el cuerpo se hace esta faena. Ya lo dijo John Bradshaw en su libro *Volver a la niñez*: para rescatar a nuestro niño interior, necesitamos sentir el dolor original. Las heridas no se sanan si no se sienten.

Todos los sentimientos necesitan vivirse –se refiere específicamente a estos que guardamos desde pequeños. Necesitamos irrumpir y acometer, sollozar y llorar, sudar y temblar. Todo esto toma tiempo. La recuperación de los sentimientos es un proceso no un suceso. Percibir los sentimientos es crucial. ¡No se puede curar lo que no se puede sentir!
—John Bradshaw

CORRIGIENDO LA VISIÓN

Creemos que tener emociones es algo negativo. Confundimos estar bien con no sentir. Desde niños nos han enseñado que las emociones, sobre todo algunas de ellas, son inadecuadas. Pero nunca se nos explicó para qué sirven, ni qué podemos hacer para manejarlas sanamente.

CONDICIONAMIENTO EMOCIONAL

Lo que sí nos enseñaron fue a reprimirlas: si te enojas te dicen que eres malo, que te van a castigar, que no te van a querer, que te vas a ir al infierno. O si lloras te hacen sentir que eres débil. Continuamente escuchamos frases como: "El que se enoja pierde", "pareces niña", "qué fea te ves enojada".

Por medio de la educación nos dicen qué emoción podemos sentir, dónde, cuándo y en qué grado. *Es bueno sonreír, pero es malo sentir coraje.* Nos han enseñado a valorar ciertas emociones sobre otras, ya que algunas encajan más con los condicionamientos o las creencias de las diferentes familias. Por ejemplo, en algunas nos enseñan que hay que enojarse en la vida para conseguir lo que se quiere, que necesitamos esconder los sentimientos más suaves como la ternura porque si no "se aprovechan de ti". Hay otras familias que enseñan lo contrario: no puedes enojarte porque hay que ser obedientes, educaditos, buenos.

CONSECUENCIAS DE NO SABER MANEJAR LAS EMOCIONES

En este proceso llamado educación, aprendemos a reprimir y negar las emociones y los sentimientos. Tanto lo hemos hecho, que llega un momento en el que ya no sabemos ni qué sentimos. Lo percibimos como algo desagradable, lo etiquetamos como "negativo" y tratamos de evadirlo a toda costa. No sabemos qué hacer con todo lo que sentimos dentro de nosotros y no sabemos cómo controlarnos.

Tapamos un sentimiento con otro, o vivimos uno con exageración. Distorsionamos las emociones: es muy común que las mujeres lloremos cuando estamos enojadas o que los hombres se enojen cuando algo les duele.

♡ *Y por no conocer y por no aprender a manejar las emociones y los sentimientos tenemos muchos problemas con las personas con las que convivimos y con nosotros*. Nos cuesta trabajo expresar sentimientos de cariño y amor. Permitimos que nos maltraten porque no somos capaces de enojarnos adecuadamente y poner límites. No nos damos cuenta de lo que sentimos y se va llenando nuestro tanquecito, entonces estallamos por cualquier provocación, nos herimos o herimos a gente inocente y luego nos lamentamos de lo ocurrido, llenándonos de culpa, que luego nos enoja y nos lleva a echar esa culpa al otro: "Es que me vuelve loca, si tan sólo hiciera lo que le pido."

♡ *Tenemos miedo de que nuestras emociones reprimidas nos inunden y lastimen a otros o a nosotros mismos. Tenemos miedo de perder el control y causar caos en nuestra vida.* Y, hasta cierto punto, tenemos razón de sentir este miedo. Las emociones reprimidas tienen el poder de volvernos locos. Por esto, la gente que no ha aprendido a lidiar conscientemente con sus emociones puede terminar en un manicomio, en la cárcel o en el hospital.

♡ *La represión de los sentimientos nos lleva a una gran variedad de síntomas físicos y psicológicos.* Es tan fuerte la energía y los químicos que se generan en nuestro cuerpo, que si no los procesamos nos alteran nuestro equilibrio físico y psicológico y nos enfermamos.

♡ *Nuestra vida se vuelve un drama.* Si no tenemos conciencia de nuestras emociones, vivimos una vida emocional distorsionada, convirtiéndonos en esclavos de las emociones y torturando a los otros con nuestras emociones inconscientes. Nos separamos del sentimiento, ignorándolo o con actitudes como no dejar de llorar.

♡ *No podemos responder conscientemente a los retos de las situaciones actuales* porque nos dan miedo cosas que quizá podríamos manejar si no fuera por ese temor que cargamos desde hace mucho y, por otro lado, nos relajamos en situaciones que son peligrosas para nosotros. Nos enojamos por nada y hasta nos reímos cuando nos maltratan. El audio y el video nomás no coinciden.

♡ *Y el verdadero daño de la represión de los sentimientos es que el proceso de crecimiento personal se viene abajo.* Para madurar y crecer es esencial recuperar las emociones y los sentimientos reprimidos.

♡ *Estamos en una trampa psicológica.* Al juzgar, reprimir y esconder nuestras emociones, vivimos peleando con ellas. No las podemos expresar, pero no dejamos de sentirlas.

Al tratar de controlarlas gastamos nuestra energía vital y vivimos en un estrés permanente que nos enferma: depresiones, fatiga, hipertensión, problemas de corazón.

Tenemos miedo de sentir y volvernos vulnerables. Tenemos miedo de saber que no estamos viviendo la vida que queremos, que no estamos con la persona que deseamos. Aprendimos a sentirnos culpables por lo que sentimos y eso nos deja confundidos e incapaces de resolver los problemas de nuestra vida. Nos juzgamos por sentir en vez de entendernos y saber qué significan nuestras emociones.

VERDADERA FUNCIÓN DE LAS EMOCIONES

Durante mucho tiempo las emociones han sido consideradas poco importantes e infantiles, dándole más relevancia a la parte racional del ser humano. Pero las emociones son el otro hemisferio, son tan importantes como los pensamientos. Y es con estos dos hemisferios con lo que estamos creando nuestra vida.

Las emociones son nuestras herramientas expresivas, a través del manejo adecuado de ellas es que se logra la salud emocional.

Las emociones y los sentimientos nos llevan al autoconocimiento

Las emociones son el lenguaje de nuestra esencia. Nos revelan lo que pasa dentro de nosotros, quiénes somos. Cada reacción emocional nos dice algo de nosotros. Por eso es tan importante aprender a aceptarlas para escuchar lo que nos dicen. Nos hablan de nuestras necesidades, de nuestros valores, de nuestras programaciones psicológicas. Nos dan la energía necesaria para enfrentar estas necesidades. Nos permiten establecer nuestra posición en nuestro entorno.

Las emociones nos ponen en contacto con el mundo para relacionarnos con otros

El amor necesita del diálogo de sentimientos y emociones. El reconocer ante uno mismo y ante el otro lo que sentimos nos ayuda a dejar de defendernos y mostrarnos tal cual para entrar en verdadero contacto con el otro.

Las emociones son mecanismos que ayudan a reaccionar con rapidez ante acontecimientos inesperados. Forman parte del hemisferio de la creatividad y, por lo tanto, nos ayudan a llevar a la acción deseos, incluso objetivos. Si no tenemos pasión en la vida es difícil lograr metas.

Las emociones son la respuesta natural del flujo para equilibrarse. Si me siento enojada es que algo está pasando y ese enojo me da la pauta. Reviso dentro de mí, veo qué es lo que me está molestando y tomo la acción correcta para equilibrar lo que sucede.

Las emociones son parte de nuestra psique

Si observamos a un bebé, a un niño, nos daremos cuenta de que las emociones forman parte de su vida. Se enoja cuando algo no le gusta, se entristece cuando algo le duele, se atemoriza cuando algo lo asusta. Y en un bebé el flujo de las emociones aún es libre y espontáneo.

Emociones básicas:

Ira: si algo de afuera nos agrede, el organismo responde con ira para defenderse. O cuando no nos gustan las cosas como están nos ayuda a poner límites, internos o externos. La parte creativa de la ira es la pasión y el coraje que nos hacen lograr nuestras metas.

Tristeza: nos guía hacia una reintegración personal cuando hemos vivido una pérdida o algo nos ha lastimado. Da una pausa a nuestra vida. Nos conecta con nuestra vulnerabilidad.

Miedo: nos ayuda a orientarnos frente a la nueva situación. Nos prepara para huir o atacar. Es una alerta para dar una mejor respuesta a lo nuevo. Nos lleva hacia adentro energéticamente para proteger nuestras partes más vulnerables.

Alegría: si algo es bueno para nosotros, la alegría nos los indica. Nos hace desear vivir ese suceso de nuevo. Nos ayuda a abrir el corazón. Nos sana.

Las emociones vienen en olas

Cumplen su función y se van. Son como el clima, siempre existe y está en movimiento: a veces es soleado, lluvioso, caliente, frío. Así tendría que ser, éste es el flujo natural, así como el bebé que mencionamos arriba. Sin embargo, la mayoría tenemos tantos bloqueos corporales, tensiones que no permiten este flujo natural y las reprimimos causando desequilibrio en nuestro mundo interior y posiblemente en el exterior. Es un poco como tener el poder de manejar las estaciones y sólo permitir un clima, porque los otros no nos gustan. Imaginen el caos que se armaría.

Uno de nuestros grandes problemas es que no tenemos madurez emocional, Aristóteles dijo: "Cualquiera puede enfadarse, eso es algo muy sencillo. Pero enfadarse con la persona adecuada, en el grado exacto, en el momento oportuno, con el propósito justo y del modo correcto, eso, ciertamente, no resulta tan sencillo."

Por tanto, lo que se requiere, como expresa Aristóteles, es la emoción adecuada y el volumen de la emoción proporcional a la situación, *sin reaccionar ni reprimir las emociones.*

Al reprimirlas se van quedando dentro de nuestro sistema y esto, por una parte, va bloqueando nuestro flujo energético natural y, por otra, hace que nuestro sistema de regulación o de aviso se descomponga. Es como ese foquito en el tablero del carro que te avisa si hay aceite o no. Si no funciona y no estás pendiente, el carro se podría desviar por la falta de aceite.

Y el otro extremo es reaccionar, dejar que las emociones controlen nuestra vida. Eso es estar, como mencioné en un capítulo anterior, "en las garras de nuestro niño emocional".

Nos enojamos como niños de dos años, nos da miedo como si tuviéramos cuatro. La madurez está en el justo medio, en el equilibrio.

Los patrones de estas emociones

Cada emoción tiene un patrón de cómo fluir en el cuerpo. La ira nace en lo profundo del vientre y va hacia la periferia (piernas, pies, brazos, manos, mandíbula, boca, nariz, ojos). El miedo es un retraimiento de la periferia al centro (nos recogemos totalmente). El dolor es un estancamiento de la pulsación y del flujo. La tristeza, cuando tiene libertad de fluir, nos lleva a lo profundo del ser y nos conecta con toda nuestra vulnerabilidad. Y la alegría es energía moviéndose libre, pulsando en todo nuestro cuerpo.

El par de las emociones "negativas"

El otro espectro al cual nos llevan estas emociones negativas cuando nos permitimos sentirlas, autocontenerlas y desbloquearlas es:

- La ira, el enojo, nos lleva a sentir el amor (pasión, coraje).
- El miedo a sentir la confianza.
- El dolor a sentir gozo y placer.

Qué queremos con las emociones

Estamos tan condicionados erróneamente acerca de las emociones, que ni siquiera nos preguntamos para qué están allí.

- Necesitamos reflexionar profundamente sobre el papel que juegan en nuestras vidas.
- Tener un entendimiento correcto de para qué sirven.
- Darnos cuenta de por qué nos da tanto miedo sentir.
- Aprender a reconocerlas y a traerlas a la conciencia, que dejen de ser fuerzas inconscientes que nos muevan sin control.
- Recuperar nuestra respuesta espontánea emocional ante la vida, al aquí y ahora, en vez de vivir atorados en reacciones emocionales viejas, inconscientes y retorcidas.
- Aprender a indagar en nuestras emociones.
- Aprender a ser empáticos, es decir, entender los sentimientos de los demás. Esto sólo se logra si somos empáticos primero con nosotros, con nuestros propios sentimientos.
- Siempre buscar el equilibrio con ellas: si las reprimimos o las expresamos sin medida, nos lastimamos o lastimamos a otros.

- 💞 Reconectarnos de nuevo. Desahogar emociones viejas, sanar heridas, contenerlas e indagarlas
- 💞 Aprender la diferencia entre reaccionar y responder, y dar una respuesta justa, consciente y modulada.
- 💞 Aprender a comunicarlas asertivamente.

Las emociones, al igual que las necesidades que se encuentran debajo de éstas, nunca son el problema. Los conflictos se crean por las expresiones y demandas infantiles. No es lo mismo decir: "Me enojas tanto cuando llegas tarde, ¡parece que no te importo!" A decir: "Cuando no llegas a la hora en la que quedamos, pienso que no soy importante y siento frustración." Aunque estoy expresando lo mismo, en la primera forma culpo a la otra persona por mis sentimientos y mi sensación. En la segunda, le comunico lo que pasa cuando él o ella hacen esto o aquello, pero tomando responsabilidad por lo mío.

La vida es una celebración de muchos colores.
La celebración es incondicional; yo celebro la vida. Que trae infelicidad;
está bien, la celebro. Que trae felicidad; está bien, la celebro.
La celebración es mi actitud, incondicional a lo que traiga la vida.
Pero el problema se presenta porque siempre que utilizo palabras,
esas palabras tienen connotaciones en tu mente. Cuando digo "celebra",
tú piensas que uno tiene que estar feliz. ¿Cómo puede uno celebrar
cuando está triste? No estoy diciendo que uno tiene que estar feliz para
celebrar. La celebración es gratitud hacia cualquier cosa que la vida te dé.
La celebración es gratitud por cualquier cosa que la existencia te dé;
es agradecimiento.
—Osho

EJERCICIO DE AUTOINDAGACIÓN

Escribir:

- ♡ Qué creo de las emociones.
- ♡ En mi familia, ¿cómo reprimimos nuestros sentimientos?
- ♡ En mi vida diaria, ¿cuáles sentimientos expreso?
- ♡ ¿Qué emoción me cuesta trabajo?
- ♡ ¿Cuál emoción o sentimiento me es fácil?
- ♡ ¿Qué problemas has tenido en tu vida por causa de tus sentimientos y emociones?
- ♡ ¿De qué me doy cuenta al reflexionar en esto?

Observar:

- ♡ ¿Qué hago con mis emociones día a día?
- ♡ ¿Qué hago cuando me enojo, cuando tengo miedo, cuando estoy alegre, cuando estoy triste?

Ejemplos de reacciones a las emociones:

- ♡ Culpar a otros.
- ♡ Quejarme sin tomar acción para cambiar lo que me molesta. Juzgarme o juzgar a otros.

Ser capaz de observar no es fácil, estamos acostumbrados a vernos con juicos, críticas y con mucha carga emocional. La idea es observarnos con mente abierta, relajada. Observación científica: esto implica no tener expectativas ni querer interpretar lo que vemos, sólo observar de la manera en que un científico observa objetivamente algún fenómeno.

Muchas veces necesitamos entrenar nuestras mentes para observarnos de esta forma y, para ello, te compartimos esta técnica de meditación:

Meditación Shamata-Vipassana

1. (5 minutos) Sentarnos en posición cómoda, relajada. Permanece abierto y receptivo a todo lo que sientas, percibas, experimentes. Sin rechazar, sin agarrarte de nada.
2. (5 minutos) Mantente atento con conciencia plena del cuerpo y las emociones.
   - Toma conciencia de las sensaciones de tu cuerpo. En particular, las asociadas a tensión, temperatura, movimiento y contacto.
   - Toma conciencia de la energía emocional (gestos y calidad energética) que atraviesa tu cuerpo todo el tiempo.
   - Toma conciencia de la respiración natural en todo el cuerpo, en especial el área de tu pecho al abdomen. Permite que se mezcle con las sensaciones del cuerpo y las emociones.
3. (15 minutos o más) Mantén conciencia de cuerpo y emociones. Al inhalar contacta amorosamente cualquier tensión física, emocional o mental que surja. Al exhalar permite que se relaje lo que estés apretando o tensando, que se relaje naturalmente la energía emocional, que se disuelvan los pensamientos. (No te vayas con ellos y si lo haces, date cuenta y regresa a observar tu respiración.) Contempla cómo toda tu experiencia de cuerpo,

emociones y mente es un constante fluir, sin ningún elemento sólido, fijo o desconectado.

4. (5 minutos) Termina con el paso uno y permanece. Nada qué hacer, sólo estar sentado/a en receptividad incondicional.

ARMADURA CARACTERIOLÓGICA

¿Se acuerdan del libro *El caballero de la armadura oxidada*? Bueno, así andamos todos por la vida, con una armadura pesada, vieja y bien oxidada, aunque no seamos caballeros medievales.

W. Reich desarrolló un método terapéutico para trabajar con el cuerpo, la respiración, la emoción y el problema psicológico al mismo tiempo. Para él, no era posible cambiar el proceso del pensamiento a un nivel profundo sin cambiar también al cuerpo.

Durante mi tiempo como directora del Osho Center, una de las terapeutas que invitamos fue a Aneesha. Entrenada en California por Charles Kelley en la terapia pre reichiana en los años setenta, Aneesha viajó a la India para conocer al Místico hindú Osho con quien trabajó por años.

Como fruto de esta asociación, Aneesha desarrolló una síntesis única de técnicas orientales y occidentales para el crecimiento y la exploración interior humana: Osho Pulsation. Su método está enraizado en el trabajo de investigación y de experimentación de dos de las figuras más controversiales del siglo XX: Wilhem Reich y Osho.

Cuando la conocimos, Aneesha llevaba más de treinta años viajando por todo el mundo, dando entrenamientos, sesiones y talleres. Trabajar con ella fue un placer, tanto por la amistad que desarrollamos y que mantenemos a través de los años, como por el conocimiento de una técnica que para nosotras –Vish y yo– fue un gran aporte en el desarrollo del trabajo psicocorporal, el entendimiento del flujo energético y emocional, y la profundización con la experiencia de las meditaciones activas.

De su libro *Tantric Pulsation* [*Pulsaciones de la energía sexual*] tomo el siguiente extracto. Menciono los segmentos como base de entendimiento del propósito de la meditación activa respiración de los chakras (Chakra Breathing) que comparto al final:

Reich fue el primer hombre en llevar la psicología más allá de la mente y hacia dentro del cuerpo.

Uno de sus descubrimientos principales fue que los grupos de músculos trabajan juntos, cooperando en la expresión de energía. Por ejemplo, sacar la lengua es una expresión de enojo, que involucra a los músculos de la boca, así como de la parte superior de la garganta. Encogerse con temor conlleva al colapso del pecho, llevando los hombros hacia adelante y hacia adentro para proteger esa zona. Un susto repentino provoca que los ojos se agranden y que los músculos a su alrededor se restiren y contraigan.

Reich encontró que hay siete segmentos, o grupos de músculos, que envuelven al cuerpo en anillos, como los anillos de un gusano –de hecho, especulaba que este arreglo de segmentos era un vestigio evolutivo de nuestros ancestros gusanos.

Será de mucha utilidad describir los siete segmentos, empezando por la parte superior del cuerpo y hacia abajo secuencialmente.

1. Segmento ocular (ojos)

2. Segmento oral (boca)

3. Segmento cervical (garganta)

4. Segmento torácico (pecho)

5. Segmento del diafragma (plexo solar)

6. Segmento abdominal (vientre)

7. Segmento pélvico (área genital)

Estos siete segmentos de músculos rodean al cuerpo como anillos, creando un efecto de conducto que ayuda a dirigir energía a través del organismo, en un aspecto similar al de un gusano en movimiento.

Tal como una ola se transmite a través de los segmentos de un gusano para impulsarlo hacia adelante por la tierra, de igual manera una ola de energía es conducida por el cuerpo vía la apertura y cierre de segmentos musculares que tienen sus propias acciones rítmicas y de compresión.

Un segmento, o anillo muscular, actúa como un músculo esfínter único, como el que se localiza en la apertura del ano, o como cualquier otro músculo esfínter dentro del aparato digestivo. Estos se abren y cierran para permitir el paso de alimentos o desechos a la hora que sean requeridos.

La energía —en particular la energía emocional— es empujada por todo el cuerpo por la pulsación de los siete segmentos musculares, así que lo que se siente en una zona se convierte en una expresión unificada de todo el organismo.

En el cuerpo de un niño, donde aún no se forman patrones crónicos de defensa, las expresiones unificadas suceden natural y fácilmente.

Digamos que un niño se enoja. El sentimiento puede originarse en sus entrañas, y después es pasado por la pulsación del segmento muscular del pecho a la garganta, donde encuentra su expresión vocal y surge de su boca como un grito o llanto de rabia. También podría estar manoteando, pateando, haciendo un berrinche que involucra a todo el cuerpo.

Todos los segmentos musculares del cuerpo del niño están cooperando con el berrinche, ayudando a que la energía se mueva, dándole expresión, permitiendo su liberación.

Sin embargo, si algo es bloqueado —digamos que el niño escucha "cállate" de parte de un padre amenazante— entonces, de inmediato, la garganta, la cual estaba haciendo ruidos, se cierra. El grupo muscular en este segmento se tensa y entra en una especie de parálisis, que impide o prohíbe la expresión vocal.

Muy probablemente, la respiración sea cortada o reducida, para impedir que el pecho palpitante envíe más energía hacia la garganta, y se crea tensión en el diafragma y otros músculos que regulan la respiración del niño.

Reich llamó a este endurecimiento de los músculos "armadura". Esencialmente es tensión almacenada, energía bloqueada, emociones reprimidas. No toda la tensión en el cuerpo es armadura. Alguna está relacionada con una mala postura en el trabajo: sentados todo el día detrás de un escritorio, frente a una computadora, doblándonos hacia el frente y encorvando los hombros. Esto creará tensión en el cuello, hombros, espalda y parte superior del torso.

Pero también cargamos mucha tensión que es emocional y puede ser rastreada hasta traumas en la infancia. Esta es la "armadura" que cargamos.

Así podemos ver cómo a nivel corporal se crea esta armadura o coraza. Observamos en este escrito cómo de niños, para sobrevivir en este mundo tan inmaduro y mutilado emocionalmente, tuvimos que aprender a reprimir nuestra expresión vital, nuestro movimiento, sensualidad, nuestros enojos, expresiones de ternura, etcétera.

¿Qué tuvimos que hacer para lograr no sentir?

Nuestros cuerpos aprendieron a decir "no" a ese flujo de sensaciones y emociones a través de tensarse y dejar de respirar. Por ejemplo, para no expresar, ni sentir su enojo, un niño tiene que tensar sus manos y sus mandíbulas y bajar su respiración al mínimo. De la misma forma, si no quieres que te vean llorar, tienes que cerrar tu garganta y apretar el diafragma. Contraerte, quedarte inmóvil. O si te dijeron: no le des lata a tu papá, cuando lo único que querías es darle un beso, aprendiste a contener también tu expresión de amor.

Al mismo tiempo nuestras mentes también aprenden cuál es un comportamiento aceptable y cuál no, dependiendo de estas experiencias de infancia, y controlan e inhiben a partir de programas nuestro flujo natural y espontáneo. "Te ves ridículo", "la gente va a hablar de ti", "estás loco", "tu llanto, tu risa me molesta", "te ves fea enojada", "eres sucia, mala".

Flujo atorado

Esa evaluación mental y esa tensión muscular se vuelven mecánicas inconscientes. Y a través de bloquear las emociones y nuestra energía vital, nos volvemos gradualmente unos lisiados emocional y energéticamente.

Aprendemos a vivir con una armadura

La consecuencia que tiene en nuestra vida el tener una armadura es que el flujo se estanca. En vez de vivir la esencia, vivimos ese estancamiento. Con creencias negativas: "Nadie me va a amar", "no soy suficiente", "no puedo" y con emociones congeladas: "Vivo triste, enojado, con miedo." Y con nuestra energía vital al mínimo.

El flujo: vivir sin armadura

Cuando el cuerpo está sin armadura, sentimientos, emociones y vitalidad fluyen. Podemos conectar con nuestra esencia y sus cualidades: valor, naturalidad, verdad, espontaneidad, apertura. Por lo cual encontramos formas sabias de enfrentar nuestra vida.

> **"La energía es un deleite eterno."**
> **—William Blake, romántico poeta y místico inglés**

Sí, sí lo es, pero sólo cuando se le permite moverse. Si esta energía se atora, el deleite "eterno" no durará ni cinco minutos.

Disfrutar de nuestra energía depende de la libertad con que ésta se mueva a través del cuerpo.

Esto es algo que podemos lograr, aunque dados todos los bloqueos del cuerpo que la inhiben, necesitamos trabajar con ellos, para permitir su flujo.

Una vez que esta energía se libera y empieza a moverse, su potencial puede ser explorado en miles de formas creativas: bailando, cantando, tocando algún instrumento musical, celebrando, trabajando, haciendo el amor, las posibilidades son infinitas.

En realidad, no se trata de lo que hacemos, sino la sensación de totalidad, de vitalidad con la que realizamos las cosas –y esta vitalidad depende de la energía en movimiento.

La mejor sugerencia para liberar el flujo tan atorado en nuestros cuerpos es buscar apoyo en la psicoterapia corporal reichiana o neo reichiana, aprender a respirar correctamente, mover el cuerpo, hacer ejercicio, tomar masajes, etcétera.

En nuestros grupos, como apoyo, enseñamos algunas de las meditaciones activas de Osho. La respiración de los chakras es específicamente útil, ya que la posición de los siete chakras principales del modelo hinduista es muy similar a los puntos donde se localizan los siete segmentos antes descritos. Esta meditación está diseñada para ayudar al desbloqueo de los chakras y, por ende, a los siete segmentos. Lo interesante para mí es cómo tanto las posiciones de los chakras como sus funciones psicológicas son similares a las explicaciones de los siete segmentos.

Para un mayor entendimiento de lo que se pretende lograr con esta meditación, a continuación, hablaré un poco de los chakras y de su función psicológica. Para ello tomaré partes de la explicación de Carlos de León de Wit sobre estas estructuras sutiles en su libro *Flujo de vida* y del libro de Aneesha Dillon, *Pulsaciones de la energía sexual*.

Chakra es una palabra sánscrita que significa rueda, porque a los ojos del vidente aparecen como ruedas en distintas partes del cuerpo. Se han encontrado varios tipos de Chakras, todos forman parte de un sistema muy complejo de energías sutiles y cada uno cumpliendo una función específica. Los que hoy nos ocupan son puntos que aparte de enlazar distintos canales, producen movimientos giratorios en la energía actuando como generadores de diferentes tipos de energías y estos son los que se conocen como chakras.

En una persona que no ha desarrollado su energía sutil, estos puntos generan pequeñísimas cantidades de energía, suficiente para mantener la vida y el funcionamiento del cuerpo físico como lo conocemos, estos chakras también coinciden con importantes puntos de acupuntura. A ellos los llamaremos "generadores".

Hay varios de estos generadores, pero sólo veremos en más detalle los principales. Son siete chakras generadores principales, y son importantes porque se relacionan con el funcionamiento del cuerpo físico, con nuestra vida psicológica y también son puentes entre el mundo físico y los mundos sutiles.

Los chakras son puertas dentro de nosotros, puertas hacia diferentes calidades de la energía humana. Existe una fuerza de vida, una energía de vida, fluyendo a través de nuestro sistema, y cuando vibra a través de un chakra en particular o se expresa en un segmento particular, tiene ciertas cualidades, conectadas con asuntos específicos.

PRIMER CHAKRA: CENTRO DE VIDA

Se encuentra dentro de la pelvis, conectado a todos los órganos de la región pélvica, incluyendo los genitales, ano y vejiga.

También se le conoce como el "chakra raíz", energéticamente se expande a las piernas y pies, arraigándonos en la tierra. Aquí nos encontramos en contacto con nuestra naturaleza animal, todo lo primitivo e incivilizado.

El primer chakra gobierna el cuerpo físico, incluyendo la reproducción, salud o enfermedades, fuerza o debilidad, la capacidad del cuerpo de llevarnos a través de la vida, ganarnos la vida, sobrevivir. La mayor parte de la existencia del hombre en el planeta ha sido a través del chakra sexual, antes de la alborada de la civilización, cuando lo importante eran la comida, el sexo y un refugio.

Este chakra nos conecta con nuestra sexualidad y todas las experiencias alrededor de este tema: sexualidad infantil, la naturaleza inocente y placentera, sexualidad adolescente, llena de incertidumbre, estados de ánimo, timidez, cometer errores, etcétera.

SEGUNDO CHAKRA: CENTRO DE LA EMOCIÓN

Se encuentra alrededor del vientre y gobierna el segmento abdominal, incluyendo intestinos y la matriz. Como sabemos, el vientre es la fuente de muchas emociones muy profundas, especialmente las enfocadas en la relación con la madre, por la proximidad del cordón umbilical a este centro cuando estamos dentro del útero.

Todas nuestras necesidades, nuestra dependencia de otras personas, nuestras relaciones, se manejan desde aquí, incluyendo el sentido tribal y la identidad colectiva.

También está conectado con la sensualidad, con disfrutar los movimientos y la sensación de cuerpo, y es responsable por el placer que experimentamos en fundirnos energéticamente con otra persona cuando hacemos el amor.

Un tema relacionado con este chakra es el de la codependencia, la cual tiene sus orígenes en la relación madre-infante. Esta dinámica involucra la tensión entre la necesidad de fundirnos con otra persona y la de conservar un sentido de autonomía e individualidad.

TERCER CHAKRA: CENTRO DEL PODER

El tercer chakra está localizado en el segmento del diafragma, el plexo solar. Es el centro de fuego, de expresión y asertividad. Contiene un número de órganos importantes, incluyendo el hígado, estómago, vesícula y páncreas.

Se le conoce como el centro del poder, porque aquí es donde se originan nuestros conflictos con otras personas. Aquí accedemos a los poderes del "yo" como individuo separado y le damos un valor más alto que el colectivo "nosotros" del segundo chakra.

Juicio, evaluación y discriminación tienen sus raíces en este centro, al igual que la comparación, competencia, las polaridades de inferioridad y superioridad, sentirse mejor que o tan bien como otros, sentirse más fuerte o más débil. Aquí también experimentamos la libertad de ser un individuo único y la autoestima.

CUARTO CHAKRA: CENTRO DEL AMOR

Se localiza en el centro del pecho, en el segmento torácico, entre los senos. Gobierna el corazón tanto físico como emocional, también el vientre es un centro de sentir principal.

Este chakra está conectado con nuestra capacidad de amar, de compartir con otros y nuestro anhelo por convivir con otros seres humanos en forma incondicional que va más allá de las diferencias egocéntricas del tercer chakra. Cuando nos rechazan en el amor, aquí se sienten y se guardan las heridas. En este cuarto llevamos las heridas de cuando no hemos sido aceptados, cuando no hemos podido obtener el amor que anhelamos recibir de alguien más.

El corazón es el puente entre los tres chakras inferiores y los tres de arriba. Los primeros tres chakras están arraigados en nuestra naturaleza animal –lo físico, lo instintivo–. Cuando llegamos al corazón nos movemos de lo animal a lo humano y hacia lo divino.

QUINTO CHAKRA: EL CENTRO DE EXPRESIÓN

El quinto chakra está colocado en la garganta, pero está conectado con dos segmentos reichianos: el cervical y el oral. De esta manera, la boca se vuelve la extensión del quinto chakra.

El quinto chakra gobierna nuestra creatividad y todo tipo de expresión, incluyendo el lenguaje. Las experiencias de los cuatro centros inferiores están codificadas o almacenadas en este quinto chakra en la forma de creencias, expectativas, conceptos –la creación de la visión de un mundo que gobierna nuestra forma de ver la vida.

El chakra de la garganta posee la cualidad de la espontaneidad, la habilidad de salirse de formas e ideas fijas hacia algo nuevo, y darle la expresión creativa. Por lo mismo, un centro de la garganta rígido puede resultar en una serie de creencias rígidas e inflexibles.

En su modo receptivo, este chakra está conectado con ser capaces de tomar lo que nos nutre, no sólo en términos de alimentos, sino ideas, energía y sentimientos.

SEXTO CHAKRA: CENTRO DE CONCIENCIA

El sexto chakra, también conocido como el tercer ojo, se localiza en la frente, por arriba de las cejas. Incluye todo el segmento ocular. Este chakra está conectado con la conciencia y el entendimiento, la capacidad de ver las cosas clara y acertadamente. Está asociado con poderes psíquicos e intuitivos, lo cuales son una manera de "ver".

Cuando está abierto y vibrante de energía, este chakra puede darnos una experiencia de espacio interno ilimitada –el entendimiento que la energía y la conciencia humana no están confinadas al mecanismo cuerpo-mente.

Cuando experimentamos gozo –una cualidad expansiva y de extática, similar al amor, que no se dirige a nada o nadie– surge de este centro.

SÉPTIMO CHAKRA: CENTRO CÓSMICO

El séptimo chakra está localizado en la parte superior de la cabeza, la corona y el cráneo. Este chakra existe por encima de nuestros asuntos o incluso de alguna definición.

No se puede decir mucho acerca de este chakra porque está más allá del reino de los conceptos y del lenguaje. Fundamentalmente es una experiencia espiritual de unicidad, de unión con lo divino, un estado de totalidad y armonía con la existencia que está más allá de la dualidad.

MEDITACIÓN ACTIVA DE OSHO: RESPIRACIÓN DE LOS CHAKRAS

En esta meditación se utiliza una respiración profunda, rápida y movimiento corporal para abrir y traer conciencia, vitalidad y silencio a cada uno de los siete chakras y a tu vida.

La meditación se hace mejor con el estómago vacío.

La música y las campanas apoyan el proceso y señalan el comienzo de cada fase. La meditación se tiene que hacer con la música específica OSHO Chakra Breathing Meditation, *que indica y apoya energéticamente las diferentes fases. Esta música puedes comprarla y bajarla de la página* www.osho.com, *en tienda/música para meditaciones. Y si buscas en* YouTube Osho Chakra Breathing Meditation, *encontrarás varios videos con descripciones precisas. De cualquier manera, la explicación es la siguiente:*

Todos los chakras se sitúan en lo profundo más que en la superficie del cuerpo. Este espacio se utiliza para indicar dónde se ubican:

- *Chakra base: el centro del sexo, en la parte inferior de la pelvis.*
- *Chakra umbilical: debajo del ombligo.*
- *Chakra del plexo solar: encima del ombligo, debajo del esternón.*
- *Chakra del corazón: en medio del pecho.*
- *Chakra de la garganta: en la garganta.*
- *Chakra del tercer ojo: en medio de las cejas.*
- *Chakra coronario: en la parte superior de la cabeza.*

Instrucciones

La meditación dura una hora y tiene dos fases. Termina cuando escuchas tres gongs. Mantén los ojos cerrados todo el tiempo.

Primera fase: 45 minutos

Ponte de pie con los pies ligeramente separados. Con la boca abierta respira con rapidez y profundidad en el primer chakra, inspirando y expirando con el mismo énfasis. Mantén tu atención en el área pélvica, en donde está ubicado el primer chakra. Respira con un ritmo cómodo y pon atención a los sentimientos y las sensaciones provenientes del chakra.

Cada vez que escuches una campana, muévete con esta misma respiración rápida y profunda hacia arriba, al siguiente chakra, permitiendo que la respiración se haga más rápida y suave. Tus respiraciones casi se doblarán del primero al séptimo chakra.

Puedes sacudirte, estirarte rotar o mover tu cuerpo y manos como lo sientas, pero tus pies permanecen en el mismo sitio. Una vez que pones en movimiento el cuerpo y la respiración, la vibración se volverá continua y sin esfuerzo. Tu conciencia se mantiene con las sensaciones de los chakras.

Después de respirar en el séptimo chakra, escucharás la campana tres veces. Permite que tu respiración y conciencia cambien de sentido y desciendan a través de cada chakra, bajando la velocidad de la respiración de chakra a chakra. Tienes cerca de dos minutos para volver al primero. Permite que todo el espectro de los chakras, desde arriba hacia abajo, se funda en un arcoíris de energía.

Después de esta secuencia, permanece en silencio por un momento y empieza la siguiente secuencia. Completarás tres secuencias hacia arriba y hacia abajo.

Segunda fase: 15 minutos

Después de repetir esta secuencia tres veces, siéntate en silencio. Permanece como un testigo respecto a todo lo que está sucediendo por dentro, sin juzgar.

PRINCIPIOS DEL TRABAJO CON EL CUERPO
Del libro: Flujo de vida *de Carlos de León de Wit*

Respiración

Es la función corporal más importante, tanto para nuestra supervivencia como para mantener un estado de salud físico y mental.

Además de la obvia función de darnos oxígeno, la respiración está ligada con nuestras funciones psicológicas.

W. Reich en sus libros habla de cómo una respiración profunda y libre nos lleva a aumentar el flujo energético conduciendo a ésta a un nivel superior de salud y permitiéndole explorar emociones reprimidas y experiencias traumáticas.

La capacidad para sentir nuestro cuerpo está asociada con dos factores: respiración y movimiento. Todas las escuelas de terapia corporal dan suma importancia a una respiración profunda y desbloqueada, y es el principio de muchas terapias.

Forma de respirar:

- Profunda, llenando la parte superior e inferior de los pulmones, (respiración de vientre).
- Calmada, relajada.
- Continua.
- Balanceada en el tomar y soltar el aire.
- Por la nariz, para filtrar el aire.

Arraigo

Es la capacidad de estar en contacto con nosotros, con nuestra experiencia y el medio que nos rodea. En el lenguaje popular esto se llama, "tener los pies bien puestos sobre la tierra".

No es un asunto de la mente, aunque ésta ayuda, el arraigo tiene su origen en el cuerpo mismo. Estar bien parado en contacto con nuestros pies en la tierra, da seguridad, capacidad de vivir y lograr cosas.

Hay tres factores que intervienen en la posibilidad de pararnos en el mundo:

- Nuestra postura corporal (*Rebalancing*, *Rolfing*, etcétera).
- Tener el centro de gravedad en el lugar correcto (artes marciales).
- La unificación de nuestra experiencia corporal e interna, pudiendo tener contacto con una misma (procesos de terapia).

Relajación y tono muscular

Aparte de una postura corporal adecuada es importante señalar que el estado natural de los músculos es estar relajados, listos para entrar en acción y generar la tensión necesaria.

Dado el estrés y la neurosis, es común tener tensiones muy profundas en nuestro tono muscular. Estas tensiones siempre indican conflictos no resueltos en la persona. Cualquier conflicto psicológico repercutirá en el tono muscular y en la capacidad de flujo energético de la persona. A mayor tensión, menor flujo, menos capacidad de tener una vida gozosa.

- Masajes: ayurvédico, tailandés tradicional, integración postural, etcétera.
- Ejercicios de estiramiento, movimientos lentos, de bajo impacto: Hatha yoga, Qi Gong, tai chi, feldenkrais, etcétera.
- Ejercicios de visualización dirigida; enseñan a relajar el cuerpo y la mente.

Y para terminar...

No me interesa saber cómo te ganas la vida. Quiero saber lo que ansías, y si te atreves a soñar con lo que tu corazón anhela.

No me interesa tu edad. Quiero saber si te arriesgarías a parecer un tonto por amor, por tus sueños, por la aventura de estar vivo.

No me interesa qué planetas están en cuadratura con tu luna. Quiero saber si has llegado al centro de tu propia tristeza, si las traiciones de la vida te han abierto o si te has marchitado y cerrado por miedo a nuevos dolores. Quiero saber si puedes vivir con el dolor, con el mío o el tuyo, sin tratar de disimularlo, de atenuarlo ni de remediarlo.

Quiero saber si puedes experimentar con plenitud la alegría, la mía o la tuya, si puedes bailar con frenesí y dejar que el éxtasis te penetre hasta la punta de los dedos de los pies y las manos sin que tu prudencia nos llame a ser cuidadosos, a ser realistas, a recordar las limitaciones propias de nuestra condición humana.

No me interesa saber si lo que me cuentas es cierto. Quiero saber si puedes decepcionar a otra persona para ser fiel a ti mismo; si podrías soportar la acusación de traición y no traicionar a tu propia alma...

Quiero saber si puedes ver la belleza, aun cuando no sea agradable, cada día, y si puedes hacer que tu propia vida surja de su presencia.

Quiero saber si puedes vivir con el fracaso, el tuyo y el mío, y de pie en la orilla del lago gritarle a la plateada forma de la Luna llena: "¡Sí!"

No me interesa saber dónde vives ni cuánto dinero tienes. Quiero saber si puedes levantarte después de una noche de aflicción y desesperanza, agotado y magullado hasta los huesos, y hacer lo necesario para alimentar a tus hijos.

No me interesa saber a quién conoces ni cómo llegaste hasta aquí. Quiero saber si te quedarás en el centro del fuego conmigo y no lo rehuirás.

No me interesa saber ni dónde ni cómo ni con quién estudiaste. Quiero saber lo que te sostiene, desde el interior, cuando todo lo demás se derrumba.

Quiero saber si puedes estar solo contigo y si en verdad aprecias tu propia compañía en momentos de vacío.

—*La invitación*, Oriah Mountain Dreamer

ENAMÓRATE DE TI

¿Cómo empezamos a hacer esto? Comienza ahora, con lo que tienes, con lo que eres, con lo que hay... ahí merito. Enamorarse de uno, tomando la frase de John Bradshaw, no es un suceso, es un proceso que requiere de nuestra presencia y compromiso. Una presencia total y amorosa, aceptadora de todo lo que somos. De este proceso incompleto que cada uno somos. Y requiere de acciones.

Hace tiempo durante una dinámica en uno de mis talleres, escuché a una de las chicas preguntar ¿Cómo le hago para aceptarme? Me dejó pensando porque esto siempre es un asunto para todos, yo incluida. Y mi conclusión fue "aceptarme no es ser autoindulgente". Aceptarme implica primero que nada conocerme, ser capaz de ver y reconocer las cosas que hoy no me gustan de mí. Habrá cosas que puedo cambiar, habrá otras que no: "Quisiera ser más alta", "quisiera ser rubia". Claro que me puedo poner tacones y pintarme el cabello, pero al final soy lo que soy y aquí empieza la chamba de trabajar con todo eso que no me permite aceptarme —quizá tengo alguna creencia de que las rubias son mejores en algún sentido, por poner un ejemplo— si observo esto, estoy encontrando la raíz, ahora puedo trabajar con esta creencia.

Cosas que no me gustan de mí y sí puedo cambiar: otro poco de trabajo y auto indagación. "Quisiera estar más delgada." Veamos, no se trata de aceptar que siempre tendrás sobrepeso y ser feliz a pesar de ello, si es que esto es algo que te impide aceptarte. Pero puedes empezar aceptando que hoy lo tienes y por lo mismo no estás a gusto con tu cuerpo. ¿Puedes cambiarlo? Sí, que sea fácil o difícil es otra cosa, pero el punto es que **sí** puedes crear un cambio en este aspecto: busca apoyo si lo necesitas, aprende a nutrirte mejor y haz ejercicio... exacto, ejercicio: no necesitas entrenar para un maratón ni para las olimpiadas, pero puedes pararte de ese sillón y mover el trasero un poco: sal a caminar diario por media hora.

¿No tienes mucho tiempo? Aprovecha la hora de comida, llévate unos tenis y sal a caminar durante media hora. "¿Y me quedo sin comer?" Nooo, planea con anticipación. Haz comida en casa, de esta manera incluso será más sano.

Ay no, ¡qué flojera! Ok, entonces sigue igual y quéjate todos los días cuando te veas al espejo y no te gustes: esto es la autoindulgencia. Desde allí no hay forma de aceptarnos y menos de transformarnos. No hay transformación real sin aceptación profunda y honesta.

Regresando a la pregunta inicial, ¿cómo hacemos esto? ¿Cómo empezar a aceptarnos y a transformarnos? En los caminos de crecimiento más profundos e integrales la propuesta es iniciar con lo más cercano que es el cuerpo. Es nuestro contenedor, nuestro vehículo, nuestra casa. Y no es tanto la autoimagen, que también es muy importante, sino revisar cómo estoy en mi cuerpo. La conexión con él, sentirlo, habitarlo y saber qué está pasando en él. El cuerpo con todo lo que hace es uno de nuestros grandes recursos, pero es imposible sentirlo, gozarlo, aprovecharlo si vivimos desconectados de él, si es un cuerpo lleno de tensiones y sin energía.

Es importante entonces, como mencionamos en el capítulo anterior, trabajar con el cuerpo: reconectarnos con él, desbloquear emociones, liberar el flujo natural de nuestra energía, restituir la respiración y el movimiento adecuados. A nuestro cuerpo le encanta moverse y debe hacerlo. El movimiento es nuestra manera de definir la vida.

Otra de las formas de trabajar con nosotros es darnos cuenta de que nuestras heridas, traumas, inseguridades no son en realidad el problema. El problema es que nos hemos identificado tanto con esta parte que no vemos que somos mucho más que eso. Que hay una parte en todos, llamémosle esencia, que nunca ha sido dañada, que nunca se fragmentó y sin importar lo que hemos vivido, está dentro de todos nosotros brillando con toda su luz. Cuando somos capaces de conectarnos con ella y mirarnos desde ese espacio luminoso es cuando la aceptación sucede. Ésa es la presencia amorosa que necesitamos de nosotros mismos.

Estar en presencia amorosa con nosotros es, primero que nada, estar en el aquí y ahora, presentes para nosotros –también funciona así en las relaciones con otros, pero empecemos con nosotros. Es estar enfocados en lo que sucede en este momento para mí. Esto abre un espacio de conexión profunda con uno mismo que va más allá de las ideas o conceptos. Es SER y en ese SER no hay nada incorrecto.

Estar parados en este espacio es ver lo que no pertenece a nuestra esencia y, como si fuéramos una cebolla, pelar las capas una a una. Recordemos la frase de Rumi con la que inició el libro: "Tu tarea no es encontrar el amor, sino sólo buscar y quitar las barreras que has construido en contra de él."

Cuando entiendo esto, puedo ver más que es el momento de aprender a hacerme responsable de mi vida. Como mencioné en uno de los capítulos anteriores: aprender a cultivar y embellecer mi propio jardín.

Enamorarme de mí implica aprender a verme con ojos generosos, amorosos. Son las palabras, los pensamientos, los actos que tengo hacia mí. Antes de pretender abrirme a alguna persona externa, primero necesito abrirme a mí, darme a mí, amarme a mí.

Imaginemos que somos como vasos con pocas gotitas de agua, y pretendemos dar estas gotitas a otros con la esperanza de que así nos amen, se queden. Esta creencia viene de nuestros niños interiores que no conocen otra forma.

Pero yo te digo que la manera de tener amor es primero llenarnos, llenar cada vacío emocional que encontremos con nuestra propia energía. Llenarnos de nosotros, una vez hecho esto el agua se desbordará y el proceso natural será compartir con otros. Pero si pretendemos dar a otros antes de nosotros estar llenos, sólo conseguiremos morir de sed.

Claro, es mucho más fácil amarnos y aceptarnos cuando estamos conectados con nuestra esencia, enamorados, cuando compartimos con personas que nos gustan y a quienes les gustamos, cuando trabajamos en algo que amamos hacer, en fin, en todas esas situaciones que nos nutren y nos hacen sentir seres especiales y hasta hermosos.

Lo difícil es amar y aceptar todas las cosas que no nos gustan de nosotros, esa parte que hemos escondido y que no queremos que nadie conozca. Y esa parte es la que más necesita de nuestro amor y aceptación. Es desde nuestra luz que podemos voltear a ver nuestra oscuridad e iluminarla.

Cuando empezamos a conocernos, a vernos sin juicios y entendemos nuestras propias historias de trauma y dolor de una manera más profunda, es posible sentir compasión por todo lo que vivimos y abrazar con el corazón a esa parte que surge de los miedos, de la vergüenza y de nuestras inseguridades. Y como dice la última parte del poema con el que inició este último capítulo: "Quiero saber si puedes estar solo contigo y si en verdad aprecias tu propia compañía en momentos de vacío."

La capacidad de estar solo es la capacidad de amar.
Puede que te suene paradójico, pero no lo es.
Es una verdad existencial. Simplemente.
Esos que son capaces de estar solos,
son capaces de amar, de compartir.
De ir a lo profundo del núcleo de la otra persona.
Sin poseer, sin volverse dependientes del otro.
Porque no son adictos al otro.

—Osho

Agradecimientos

Me considero una persona muy privilegiada, mi vida, mi camino y mi búsqueda han sido tocados por muchos maestros (hombres y mujeres) que me han guiado, a veces conscientemente, a veces sin saberlo. Guías, amigas, amigos, gente que ha llegado a mi vida y que, en el tiempo que hemos coincidido, su presencia me ha llenado de regalos. No siempre los he comprendido o apreciado en el momento, a veces fueron semillas que, sin yo saberlo, plantaron en mi jardín y tardaron en crecer y florecer. Otras veces fueron experiencias más directas e inmediatas.

A todos estos seres les agradezco profundamente su mirada, su sonrisa, su mano extendida, su corazón siempre abierto. En mis dos libros anteriores mencioné muchos de estos nombres, incluyendo por supuesto a mi familia, mi hija, mi madre, mi padre (hasta donde estés papá), mis hermanos, mis cuñados y mis sobrinos con quienes, aunque no siempre coincido en visiones y tiempos –y quizá precisamente por ello–, enriquecen mi vida y aportan mucho con su presencia. Son quienes me empujan y me invitan a la reflexión y el autocuestionamiento. Incluyo en este grupo a Oscar y a su familia, muy especialmente a su madre, Yolanda Yaeggy, a quien siempre agradeceré el cariño y la complicidad.

Además de estas personas cercanas y amadas por mí, en esta ocasión quiero agradecer de forma muy especial a Krishnananda y Amana Trobe, del Learning Love Institute. En los últimos años, sus talleres, libros y enseñanzas han sido una verdadera luz en mi camino. Gracias Krish y Amana por compartir todo lo que nos enseñan.

Agradezco también con el corazón a Martha Debayle, a Rebeca Mangas y a todo su equipo, tanto del programa de radio como de la revista *MOI*, por abrir y conservar un espacio desde el cual compartir mi experiencia y llegar a tantas y tantas personas en todo el mundo.

A mi hermana Patricia Medina "Vishranti", quien me apoyó con su conocimiento, experiencia y sabiduría con muchos de los conceptos e ideas plasmados en el libro y quien colaboró activamente en uno de los capítulos.

A mi querido David García, Director, literario de Penguin Random House, paisano y querido amigo, por su confianza y apoyo, y por su cálida invitación y bienvenida a formar parte del equipo de autores de esta editorial. Gracias también a Andy Salcedo y a César Ramos, por su trabajo de revisar, editar, pulir y arreglar las palabras de este libro; por hacerlo de una manera brillante y respetuosa.

Gracias a las personas que dieron su energía y tiempo al escribir su historia para este libro y ayudar a quienes las leen. No puedo escribir tu nombre, pero tú sabes cuál es tu historia. Gracias por compartirla.

Y finalmente a todas las personas que me siguen, me escuchan, me leen y asisten a mis talleres. Ustedes enriquecen mi sentido de vida, de lo que amo hacer. Gracias por estar y permitirme entrar en sus vidas.

Libros recomendados

1. Krishananda y Amana Trobe: *Stepping out of Fear*
2. John Bradshaw: *Volver a la niñez*
3. Aneesha Dillon: *Pulsaciones de la energía sexual*
4. Carlos de León de Wit: *Flujo de vida*
5. Aura Medina: *Amor... ¿o codependencia?*
6. Christine Caldwell: *Habitar el cuerpo*
7. Melody Beattie: *Guía de los doce pasos para codependientes*

Crea el espacio para el amor de Aura Medina de Wit
se terminó de imprimir en marzo de 2023
en los talleres de
Impresora Tauro, S.A. de C.V.
Av. Año de Juárez 343, col. Granjas San Antonio,
Ciudad de México